Le subjectif de l'objectif :
nos tournures d'esprit à l'écran

Du même auteur

L'Épreuve du réel à l'écran, Paris/Bruxelles, De Boek, 2002
Le Documentaire et ses faux-semblants, Paris, Klincksieck, 2009

François Niney

Le subjectif de l'objectif : nos tournures d'esprit à l'écran

50 QUESTIONS

PARIS

KLINCKSIECK

5 0 Q U E S T I O N S

Collection dirigée par Belinda Cannone

dans la même collection

Vincent Amiel et Pascal Couté, *Formes et obsessions du cinéma américain contemporain* (12)
Pierre Berthomieu, *La Musique de film* (14)
Monique Carcaud-Macaire et Jeanne-Marie Clerc, *L'Adaptation cinématographique et littéraire* (15)
Isabelle-Rachel Casta, *Pleins feux sur le polar* (60)
Daniel Deshays, *Pour une écriture du son* (30)
Jean-Louis Leutrat et Suzanne Liandrat-Guigues, *Penser le cinéma* (8)
Jean-Louis Leutrat et Suzanne Liandrat-Guigues, *Western(s)* (38)
Suzanne Liandrat-Guigues, *Esthétique du mouvement cinématographique* (22)
Gilles Renouard, *Le Cinéma français dans le monde* (58)
David Vasse, *Le nouvel âge du cinéma d'auteur français* (41)
René Prédal, *Le cinéma à l'heure des petites caméras* (43)

liste complète : <www.klincksieck.com/collections/50questions/>

www.klincksieck.com

isbn : 978-2-252-03917-5

50 QUESTIONS

« Demande-toi : comment l'homme apprend-il à acquérir un "regard" pour quelque chose ? Et quel usage peut-on faire d'un tel regard ? »
(Wittgenstein, 2004 : 319)

« Il ne s'agit pas seulement de voir subjectivement le monde à travers une conscience mais de faire voir aussi objectivement une conscience à travers l'image qu'elle se fait du monde. Ce qui importe dans l'image, ce n'est pas seulement ce que voit le personnage, c'est ce qu'il fait voir de lui-même à un observateur extérieur. Nous ne sommes pas "avec" le personnage sans l'observer également du dehors "objectivement". Tout se passe comme s'il y avait deux reflets dans la même image, comme si l'image était vue du dedans avec le personnage, mais aussi du dehors par un narrateur (spectateur). »
(Lapoujade, 2008 : 31)

« La vie humaine est la forme de vie perceptible non comme objet mais comme texture ouverte (ainsi la sensibilité de nos mots et de nos énoncés à leurs usages). La texture désigne une réalité humaine instable qui ne peut être fixée ou cadrée par des concepts, ou dans des objets déterminés, mais par la reconnaissance de gestes, de manières, de styles. [...] Ce qui est alors perçu, c'est une expression morale (corporelle et verbale), un des motifs privilégiés de la photographie et du cinéma. »
(Laugier, 2009 : 325)

Remerciements

Je tiens à remercier vivement mes collègues enseignants en cinéma : Ania Szczepanska, Roger Odin, Emmanuel Siety et tout particulièrement Martin Goutte, qui ont bien voulu se pencher sur ce manuscrit et contribué à son amélioration par leurs remarques et commentaires. Merci aussi, pour son soutien enthousiaste, à Belinda Cannone, qui dirige cette collection.

Introduction
Une manière d'« esth-éthique »

Ce livre se veut un essai de psychologie du cinéma, non pas au sens où l'on appliquerait la psychologie au cinéma mais bien plutôt au sens inverse, qu'on voudrait qualifier « d'esth-éthique » : ce que nous apprend la geste cinématographique sur notre psychologie. En quoi consiste cette expérience : voir un film ? Qu'est-ce que cette vision singulière (ma vision du film) et en même temps plurielle (celle des personnages et du Filmeur que je partage) nous apprend sur nos façons de voir ? Qu'est-ce que les formes d'expression (des acteurs comme du cinéaste) à l'écran et ce qu'en éprouve le spectateur nous apprennent de nos modes d'interaction et de compréhension ? Comment le film tisse-t-il à l'écran l'objectivité des vues prises avec les visions subjectives croisées des personnages et du spectateur ?

Notre titre joue évidemment sur le double sens d'objectif. Mais il nous a semblé pertinent, au-delà du jeu de mots, parce que viennent s'aligner dans œil de l'objectif – et aussi objective que se veuille l'image filmée – le regard du filmeur, celui du spectateur et entre les deux ceux des personnages (*via* des prises de vue en caméra plus ou moins subjective justement). Notre motif central est donc **le partage du regard,** dont le cinéma nous procure (à nous Spectateur) une expérience singulièrement condensée, et qui a ceci d'unique : elle fait nôtre le champ de vision d'un autre, voire de plusieurs.

Plus d'un cinéaste, de Eisenstein et Epstein à Resnais et Marker en passant par Hitchcock et Welles, a avancé l'idée que le montage filmique nous mettait sous les yeux certaines formes (ou lois) de notre pensée, que les façons de découper et enchaîner les plans reflétaient quelque chose du fonctionnement de nos réseaux cérébraux. Nous voulons approfondir cette hypothèse en analysant de plus près l'expérience de notre vision au cinéma. Qu'est-ce que le tournage d'un film a à voir avec nos tournures d'esprit ? Comment l'écran réfléchit-il nos manières de dire, penser, croire, douter ? « Nos » désigne évidemment aussi bien celles des acteurs et personnages, que celles du Spectateur (S) et du Filmeur. C'est l'apanage du cinéma de les entremêler et superposer à l'écran, et de faire du spectateur **un réflecteur non seulement du monde que lui présente le film et dans lequel agissent ses personnages, mais des visions du monde que se font les personnages.** En cela, le cinéma est un appareil psychologique à part entière, comparable autant au roman (et notamment au style indirect libre, revendiqué par Pasolini) qu'au théâtre, mais avec son aspect expérimental original, bien défini par Jean Mitry (1987) : « Un roman, c'est un récit qui se fait monde. Un film, c'est un monde qui se fait récit ». Effectivement le cinéma ne fabrique pas du sens avec des signes abstraits comme l'écrit, il opère avec des morceaux de monde qu'on appelle des plans (*shots*), et ces prises de vue sont apparemment de la même étoffe que le monde que nous voyons de nos yeux. Pourtant – à la différence de ce monde ordinaire que nous voyons autour de nous comme au hasard et en fonction de nos agissements – les morceaux de monde que sont les plans, c'est le film qui a choisi de nous les faire voir sous un certain aspect (prévu) : ce sont des vues enregistrées, des visions dirigées. Se pose alors la question : vus d'où, par qui et pour montrer quoi ? Ces questions, le spectateur ne se les pose pas forcément, il va au cinéma et il regarde de sa place le film qui voit à sa place. Tout le plaisir est là... dans le naturel de cette étrangeté, qui va susciter nos interrogations. Du fait que le film voit à notre place et nous fait voir à sa place, il ouvre un champ d'expérience et d'analyse psychologiques nouveau, encore à explorer, et qui peut nous en apprendre davantage sur nos manières de nous voir et nous faire voir, sur nos arrière-pensées et nos échanges de vues. **Au cœur de cette approche se trouvent l'usage et l'analyse des concepts articulant le monde d'où l'on filme avec le monde que l'on filme et le monde vu à l'écran.**

La question qui va servir de fil rouge à cet essai est donc en même temps psychologique et esthétique, et la méthode pour l'aborder analytique et pragmatiste : en quoi les figures du tournage et du montage donnent à voir et ont à voir avec nos tournures d'esprit, attendu que pour l'essentiel « l'expérience vécue de la signification suit à la lettre nos tournures de langage » (Wittgenstein, 1989 :

88), et qu'évidemment nos façons de nous exprimer, sentir, nous comporter impliquent notre corps visible qui est, comme le souligne Wittgenstein, « la meilleure image de l'âme humaine ». On trouve la même idée plus récemment, sous la plume de Hofstadter et Sander (2012 : 89), à propos « des usages grammaticaux comme catégories mentales » : « Et si la perception du monde syntaxique (ou bien grammatical) était faite du même bois que la perception du monde matériel ? »

Pour nous aider à analyser la multiplicité (et la duplicité) des tournures que prennent nos croyances, doutes, certitudes et affects en miroir à l'écran, nous ferons appel à un malin génie, non pas celui de Descartes ni de Freud, mais celui d'Alfred Hitchcock, le cinéaste qui a continuellement mis en scène de manière si pénétrante nos façons comiques ou pathétiques de rechercher confiance et amour à l'ombre du doute et du crime, et qui a fait de chacun de ses films un exercice de direction psychologique du spectateur. Hitchcock est certainement le cinéaste qui a le plus évidemment mis en scène, en mouvement et en geste, à travers ses personnages et leurs intrigues, nos tournures de langage (selon la remarque de Wittgenstein), c'est-à-dire non pas illustré nos formules verbales familières ou métaphoriques mais porté à l'écran les comportements qu'elles impliquent, traduisent et trahissent. « La structure apparente de la réalité n'est que "l'ombre" de la grammaire » (Glock, 2003 : 284), suggère Wittgenstein, qui souligne en retour que « le meilleur exemple qu'on puisse donner d'une expression dans un sens déterminé, c'est un passage dans un drame » (Wittgenstein, 2000 : 21).

Trois exemples parmi tant d'autres pour donner un aperçu. Au début de *Sabotage*, Mme Verloc fournit un alibi à son terroriste de mari en affirmant qu'il faisait une sieste au moment du sabotage. Qu'elle le croit vraiment, et n'est donc pas complice, ressort du fait que M. Verloc est assis derrière elle, comme tapi dans son dos, lorsqu'elle affirme cela en coupant le rôti : la mise en scène nous montre clairement qu'il agit « dans son dos » ! Dans *Le Faux Coupable*, quand Rose (Vera Miles), la femme de l'innocent que tout accuse (Henry Fonda), sombre dans la dépression, elle frappe son mari à la tête avec sa brosse à cheveux (blessure assez similaire à celle infligée par la première mouette à Tippi Hedren dans *Les Oiseaux*), la brosse rebondit et fend le miroir où se reflète Fonda : le miroir nous dit à la fois qu'elle est « fêlée », et qu'à ses yeux l'image de son intègre mari l'est aussi. Troisième exemple des plus marquants, le « retournement » de l'oncle Charlie (Joseph Cotten) dans *L'Ombre d'un doute* : d'abord retournement d'idée dans sa tête, l'amenant progressivement à son retournement contre sa nièce. Venant d'apprendre que la police a pris quelqu'un d'autre pour l'assassin des veuves joyeuses, l'oncle Charlie proclame qu'il a grand faim et, soulagé, gravit l'escalier quatre à quatre, accompagné d'une musique triomphale, qui s'arrête en même temps que lui au milieu de l'escalier plongé dans la pénombre. Il se retourne en silence lentement (filmé en contre plongée) et regarde en contrebas (plongée) sa nièce, nimbée de lumière sur le pas de la porte, tenant son chapeau de paille comme un bouclier d'innocence, mais qui, allongeant son ombre jusqu'au pied de l'escalier, sait que c'est lui. Par ce mouvement, nous voyons sous nos yeux aussi clairement que tourne le lait, le soulagement d'Oncle Charlie tourner au tourment, l'idée de fête tourner à l'idée de meurtre, se faire jour la nécessité (!) d'éliminer sa nièce. Montant au paradis, Oncle Charlie innocenté réalise brutalement qu'elle est la seule, là en bas, à avoir la preuve de sa culpabilité; son ivresse momentanée d'impunité se heurte à ce principe de réalité si tendrement incarné. Il se retourne contre elle, le loup toise l'agneau... fondu au noir. Le tout en trois plans et trente secondes (de 01 h 20' 15" à 01 h 20' 45").

Nous puiserons donc dans cette « imaginerie » hitchcockienne qui, s'inspirant si bien de nos jeux de langage, trahit et grossit les significations inquiétantes et menaçantes qu'ils recèlent, et d'ordinaire conjurent. (Il n'est qu'à voir les amusantes discussions du père de l'héroïne et de son voisin, dans *L'Ombre d'un doute*, sur la meilleure façon de s'assassiner). Derrière la mascarade du *thriller* et de la comédie, les héros de Hitchcock, typiquement des faux coupables mais aussi des innocents pas si innocents que ça, voient le monde se dérober sous leur pas, de quiproquo en paranoïa, de soupçon en complot, de l'ombre du doute jusqu'à la chute vertigineuse et/ou à l'amour enfin trouvé. Nous verrons comment la mise en scène distille ce trouble et le communique au spectateur, entre humour et horreur. L'amour du et au cinéma ne serait-il pas, aux yeux de Sir Alfred, un « anti-sceptique », un remède au scepticisme qui nous menace ? Le suspense hitchcockien (avec ses coups de l'escalier) ne serait-il pas une allégorie (divertissante) de notre tragique condition d'humains qui nous oblige, entre fuite et confrontation, tantôt funambules tantôt araignées, à (re)filer le tissu du sens pour ne pas tomber dans le vide ou être pris dans la toile (comme Cary Grant dans *La Mort aux trousses*) ? Car sans cesse – comme un écho au titre de Stanley Cavell (2009) : *Must We Mean What We Say?* – il nous faut répondre à (et de) cette menaçante question : que voulez-vous dire ?

1 *Une psychologie « dépsychologisée » ?*

« Wittgenstein défend l'idée que les explications psychologiques ne sont pas causales mais téléologiques ou finales. Quand nous comprenons une action comme intentionnelle, nous instaurons dans l'univers un certain ordre de sens qui renvoie à des schèmes existant dans notre pratique et non pas à des schèmes causaux naturels. Et cet ordre n'est pas dans les esprits, conçus comme des choses mentales individuelles ou des réceptacles d'états conscients privés. Il est à l'extérieur, dans nos pratiques, nos langues publiques, dans les produits humains de nos activités, tels que l'écriture, les œuvres, les institutions, les rites. » (Engel, 1996 : 176)

Le champ exploré par cet essai est celui d'une psychologie pragmatiste des formes de vision et d'expression au cinéma, appréhendé comme un album de nos attitudes et tournures d'esprit. Aux yeux d'une telle analyse psychologique, l'amour n'est pas un état subjectif ineffable, c'est quelque chose qui se déclare, se prouve, se feint (comme on va le voir avec l'actrice Asta Nielsen). Et bien souvent, comment savoir si l'on se trompe ou s'il s'agit vraiment d'amour (encore, toujours) ? Eh bien, cela se voit et se sait aussi à travers le regard de l'autre, des autres, car l'amour ne se mesure pas (seulement) par une intime conviction secrète, cette conviction il faut bien l'éprouver, c'est-à-dire la mettre à l'épreuve. La phrase de Cocteau le dit : « Il n'y a pas d'amour, il n'y a que des preuves d'amour. » Le (bon) cinéma nous met précisément sous les yeux nos agissements, avec les intentions qui les accompagnent ou les dirigent, nos façons de voir et de nous aveugler, de nous souvenir ou nous oublier, de nous tromper... ? L'objet (ou le sujet) de notre enquête n'est pas la psychologie des personnages au sens caractériel, ni l'analyse symbolique du film à la façon d'un rêve-rébus, ni même le complexe d'identification du spectateur aux héros. Pas plus que le rêve, l'œuvre d'art n'est un texte ou un langage à décoder, une vérité symbolique à déchiffrer. Comme le dit Christiane Chauviré (2010 :

43, 47) : « En matière d'art ou de rêve, l'explication n'est ni causale ni herméneutique. [...] Il n'y a pas de sens latent du rêve (pas plus que de clé des songes) ; et en art il y a des aspects qui ressortent pour un œil averti et les développements et éclaircissements qu'ils nous inspirent. Ceux-ci sont des ajouts, des suppléments d'intelligibilité : cela n'a rien à voir avec l'art du devin. » C'est plutôt **un art de saisir les aspects** (notion essentielle à notre propos, tout autant que celle d'**expression**), un art dont les ressorts sont l'analogie et le montage, avec ses étincelles, rapprochements, différences ou correspondances à distance. « Une œuvre d'art, en tant qu'elle n'est pas amorphe mais intentionnellement composée et articulée, ne peut que faire ressortir des aspects (qui ne sont pas là avant d'apparaître) ; mais pouvoir les saisir exige une culture... l'éducation d'un œil ou d'une oreille d'abord aveugle ou sourde » (*ibid.* : 35). Plus persuasive que démonstrative, l'explication esthétique doit amener autrui à voir ou entendre autrement, à découvrir des aspects nouveaux. « Grâce aux analogies trouvées et aux regroupements fructueux, aux corrélations instaurées, on obtient une vision synoptique qui convient ou une explication par les raisons qui délivre l'homme de son trouble » (*ibid* : 35, 32). Tel est le nerf de l'explication esthétique que Wittgenstein nous pousse à substituer à l'interprétation psychologique causale ou symbolique.

Il s'agit donc d'examiner en quoi le cinéma – les figures du tournage, les tournures du montage, les modes de créance du spectateur – met sous les yeux du public, mieux que toute introspection, nos raisons d'agir, nos façons d'aimer ou nous défier, d'emmêler et démêler vrai et faux, réel et imaginaire, et ce d'une manière nouvelle et sidérante : **par la production d'une subjectivité plurielle inédite, partageant et échangeant les points de vue de tel et tel protagoniste (champs/contrechamps, caméras subjectives), celui de la caméra anonyme (caméra « objective » et « audience camera ») et celui du spectateur incognito.** Ce que dit Merleau-Ponty du tableau (1990 : 23) s'applique tout à fait à ma vision au cinéma : je vois selon ou avec le film plutôt que je ne le vois. Et plus d'un grand cinéaste a souligné cette parenté de la projection cinématographique avec l'expérience de la pensée : « Pour moi, dit John Huston, le film parfait doit donner l'impression d'être projeté depuis l'arrière de vos rétines, de façon à vous procurer le sentiment que vous voyez ce que vous voulez voir. Le cinéma est identique à la pensée. De tous les arts, c'est celui dont le processus se rapproche le plus de la pensée » (Murch, 2011 : 76).

Ainsi le cinéma, c'est notre hypothèse, nous donne accès, par l'écran public – c'est-à-dire à travers son dispositif original d'échange de vues et ses formes d'expression croisée du regard et du visage humains – à ce que la psychologie a vainement cherché dans l'introspection ou plus récemment dans les neurones. Dans sa conférence sur « Le cinéma et la nouvelle psychologie » (13 mars 1945, à l'Institut des hautes études cinématographiques), Merleau-Ponty se trouvait en accord avec Wittgenstein sur ce point : « Colère, honte, haine, amour ne sont pas des faits psychiques cachés au plus profond de la conscience d'autrui, ce sont des types de comportement ou des styles de conduite visibles du dehors. Ils sont sur ce visage ou dans ces gestes et non pas cachés derrière eux. La psychologie n'a commencé de se développer que le jour où elle a renoncé à distinguer le corps et l'esprit [...] On ne nous apprenait rien sur l'émotion tant qu'on se bornait à mesurer la vitesse de la respiration ou celle des battements du cœur dans la colère, et on ne nous apprenait rien non plus sur la colère quand on essayait de rendre la nuance qualitative et indicible de la colère vécue. Faire la psychologie de la colère, c'est chercher à **fixer le sens** de la colère, c'est se demander quelle en est la fonction dans une vie humaine et en quelque sorte à quoi elle sert » (Merleau-Ponty, 1958 : 94). Et, ajoutons, comment elle s'exprime et dans quels cas : ce que le cinéma peut littéralement nous mettre sous les yeux et nous offrir d'analyser.

Cette psychologie de l'expressivité – qu'on pourrait aussi qualifier d'anthropologie au sens de François Laplantine : « pensée de la relation et de la traduction, non de la séparation de l'intérieur et de l'extérieur, du dedans et du dehors » (1999 : 21) – c'est donc une psychologie non du mental mais de la caméra, du subjectif de l'objectif, du motif non du moi (qu'il s'agisse de la vision du personnage ou de celle du spectateur), de la pensée comme mouvement. (« Exactement comme nous disons qu'un corps est en mouvement, non que le mouvement est dans un corps, nous devrions dire que nous sommes en pensée et non que les pensées sont en nous » Peirce, 1958 : 5.289). C'est visiblement ce que sous-entendait Hitchcock lorsqu'il répondait à une actrice s'inquiétant des motivations intérieures de son personnage : « la psychologie, c'est elle qui s'en charge », en désignant la caméra. Le maître du suspense (suspense conçu comme transport amoureux et meurtrier à la fois) ne disait-il pas qu'il faisait de la direction de spectateur ! Et tout au long de la présente recherche, ses films seront nos guides et les supports de nos analyses. On la trouvera donc, cette psychologie, dans les motifs que trament sous nos yeux la caméra et le montage, dans les mouvements coordonnés d'appareil et d'acteurs, dans le contrepoint des gestes et des paroles des protagonistes, plutôt que dans les profondeurs caractérielles des personnages ou le for intérieur du spectateur. Il s'agit bien d'analyser les formes « esth-éthiques » de partage du regard et des voix que propose le cinéma, à la lumière de cette psychologie « dépsychologisée » – débarrassée du fantôme du « *cogito* » ventriloque et de son ombre inconsciente – que Jacques Bouveresse a explicitée à partir de Wittgenstein dans *Le Mythe de l'intériorité*, et qu'ont développée avec brio Vincent Descombes (dans *La Denrée mentale* et *Les Institutions du sens*) et Sandra Laugier (dans *Le Mythe de l'inexpressivité* et *Les Sens de l'usage*). Celle-ci souligne justement : dire avec Wittgenstein que seul l'extérieur nous donne accès à l'intérieur, s'oppose à la fois au behaviourisme (extériorité sans intériorité) et au mentalisme (intériorité sans extériorité). C'est exactement le sens de la phrase de Wittgenstein : « Le corps humain est la meilleure image de l'âme humaine. » Non parce qu'il la représenterait, précise à son tour Stanley Cavell (1996 : 515), mais parce qu'il lui donne expression.

> Pour reconnaître réciproquement notre disposition à communiquer, nous devons être capables de nous lire les uns les autres. Nos dispositions et nos sentiments doivent être potentiellement disponibles dans l'espace public. [...] La mimique et le style s'appuient naturellement là-dessus pour produire un langage dans lequel nous pouvons nous dire les uns aux autres ce que nous croyons être. (Taylor, 1999 : 86)

2 *Comment l'esprit vient à la machine ?*

On l'aura compris, ce que nous désignons par le subjectif de l'objectif est un singulier pluriel, un échangeur de personnes (au sens grammatical de première, deuxième, troisième personne), un collectif, même si c'est bien en moi, Spectateur (S), qu'il se projette et se diffracte. C'est le cinéma compris comme une machine empathique, dans la ligne de ce que dit Alain Berthoz (2004 : 274) : « Je trouve dans l'échange de regards les trois composantes que je propose de l'empathie : a) je vous regarde (égocentré) ; b) vous me regardez mais je dois comprendre ce que ce regard vécu par vous, dirigé vers moi, signifie (égocentré mais à partir de vous) ; c) il naît de l'échange du regard un lien qui n'est plus ni à moi ni à vous mais "entre nous" (allocentré). »

Très différent en cela du théâtre, le cinéma tient sa puissance psychologique de cette double vue que la caméra nous procure, à la fois intra et intersubjective, surimpressionnant et aussi décentrant les subjectivités mises en scène à travers celle du Spectateur. Peu après Méliès, avec l'invention du montage et du découpage, le cinéma a supprimé la scène (au sens de *proscenium*) : la scène où se joue désormais le film, c'est directement le monde (où les vues sont prises) et la vision, intérieure et extérieure à la fois, du spectateur qui s'y reconnaît. « Ce n'est pas la simple distinction du subjectif et de l'objectif, du réel et de l'imaginaire, c'est au contraire leur indiscernabilité qui va doter la caméra d'un riche ensemble de fonctions et entraîner une nouvelle conception du cadre et des recadrages. S'accomplira le pressentiment d'Hitchcock : une conscience-caméra qui ne se définirait plus par les mouvements qu'elle est capable de suivre ou d'accomplir, mais par les relations mentales dans lesquelles elle est capable d'entrer » (Deleuze, 1985 : 35).

C'est par l'intrusion de la caméra de plain-pied dans la scène, par le découpage du tableau vivant en plusieurs angles et échelles de vue (plans), avec alternance et échange de points de vue entre protagonistes, que le cinéma est devenu langage et récit. C'est à travers cette déclinaison des points de vue au tournage et leur conjugaison au montage, que le cinéma a découvert son génie, que l'esprit est entré dans la machine. Au-delà de l'appareil à produire des images du et en mouvement qu'a été le cinématographe à ses débuts, le cinéma (toute son histoire, toutes ses histoires le montrent) a su devenir une véritable ingénierie (au double sens du mot « génie ») non pas seulement des images mais de l'imagination en action. La meilleure définition du cinéma ne réside-t-elle pas dans ce verbe « imaginer » puisque dans le film projeté se confondent impression de réalité et imaginaire, voir et réfléchir, représenter et se représenter ? « C'est une partie essentielle de ce qu'est notre *medium* cinématographique :

l'image visuelle enregistrant la pensée, l'esprit... quel que soit le nom que vous vouliez lui donner » (Hitchcock, 2012 : 295). Nous voudrions souligner en la nommant « **imaginerie** » – par contraction d'ingénierie et imagination, et par opposition à imagerie (cliché) – l'impression que produit cet appareil à transformer sans cesse, sous nos yeux, les pensées en images et les images en pensées. Cette ingénierie de l'imagination, la machine cinématographique la met en œuvre des deux côtés de l'écran : réalisation et projection. « Réaliser » un film, n'est-ce pas donner figure apparemment réelle à des idées ou des fantasmes, et faire obéir les vues prises au monde physique à une logique noétique ou onirique échappant à notre pesanteur ? Et la projection du film, n'est-elle pas le transport du spectateur dans un monde d'apparences physiques mais qui, par la grâce et la vélocité du montage, obéit davantage aux associations de la pensée et du désir qu'aux contraintes de la topographie et du temps réel ?

3 *Qu'est-ce qu'on voit au cinéma ?*

Évidemment, à la différence de mon imagination personnelle, de celle que provoque la lecture d'un roman par exemple, l'imagination construite par le film (l'imaginerie) est objectivée, collectivisée, sur un écran public, et tout le public ainsi machiné a forcément vu le même film, c'est-à-dire reçu les mêmes images, couleurs et sons selon la même durée – non pas seulement compris ou interprété des énoncés et tourné les pages à sa guise. C'est cette logique de la sensation, cette évidence du visible qui différencie aussi le cinéma de l'écrit. En disant que « nous avons tous vu le même film », nous sentons cependant monter l'objection : Jean Renoir ne disait-il pas que c'était raté si, à la sortie de la salle, tout le monde avait vu le même film. Et nous comprenons fort bien cette contradiction apparente qui n'en est plus une lorsqu'on l'explicite : certes nous avons tous assisté à la même projection de la même copie mais chacun a pu voir (ressentir, imaginer, comprendre) le film à sa façon et donc ne pas voir le même film, ou plutôt ne pas voir les mêmes choses dans le film (ce que confirme, parfois de façon stupéfiante, la pratique de l'analyse filmique en groupe)

Ce constat rend cependant perplexe : « comprendre » ou « ressentir » admettent volontiers la diversité (on n'a pas tous compris, ressenti la même chose) mais voir ? Voir, cela semble relever de la pure physique, de la perception « objective », pas de l'intelligence ni du sentiment subjectif ! Wittgenstein note (1994 : 79) qu'à la différence de « se représenter », voir n'obéit pas à notre volonté. Et c'est heureux : « Les choses auraient-elles des couleurs si nous pouvions les voir comme bon nous semblerait ? » C'est ce qui fait de la vue un sens relativement fiable (même si susceptible d'altérations), capable de nous apprendre quelque chose sur le monde extérieur. En fait d'altérations de la vision, on pense généralement aux déformations de l'ivresse ou aux hallucinations, ou bien aux défauts de la vue jusqu'à la cécité, mais il y a aussi un voir trop, la vue excessive, débordante, surchargée de détails dont souffrent les personnes atteintes d'hypermnésie (Louria, 1998). Cela pour souligner que tout évidente qu'elle semble, l'évidence de la vision dépend d'un ajustement et d'une norme, d'un certain type de focalisation en fonction du contexte, du prévu et de la visée. Il nous faudra donc analyser la diversité d'usage des concepts de « voir » et « regarder », ce qu'ils impliquent d'objectif et de subjectif, et en quoi voir un film diffère de notre vision ordinaire.

Voit-on la même chose si on n'y voit pas le même sens ? Peut-on dire qu'on voit la même chose sans y voir le même sens ? Et peut-on voir quoi que ce soit de façon abstraite, désincarnée, sans y voir (trouver ou chercher) du sens ? Les choses peuvent-elles nous apparaître sans aucun arrière-plan, lien, réseau de significations ? Comment démêler les choses *tout court* (si cela a un sens !) de la scène où elles se produisent, de ce qu'elles veulent dire pour nous dans telles circonstances (actuelles ou possibles) ? Comme le fait remarquer Lichtenberg, dans une lettre à Goethe (Bouveresse, 1995 : 262 *sq.*), notre perception (et la façon dont elle s'exprime) n'est-elle pas déjà normalisée et conditionnée pour déjouer les variations infinies de la réalité et l'éclairer d'un jour plus stable qu'il ne l'est effectivement ? Nous continuons à parler de la cheminée blanche du salon alors même qu'elle apparaît verdâtre dans la lumière du soir traversant les taillis. Ainsi notre perception, recadrée en permanence – la variabilité des expériences se voyant pondérée par l'unification du jugement commun – s'exercerait-elle bel et bien, non au présent de l'indicatif empiriste, mais sous forme de nécessités conditionnelles (les « *would be* » du pragmatisme peircéen : ce qui doit être ou serait le cas...). À la fois recollection empirique et projection logique, nos concepts sont doués d'une généralité pratique et d'une certaine indétermination, car toutes leurs occurrences ne peuvent en épuiser la signification (il y en a toujours de nouvelles possibles). « Voir qu'un diamant est dur, c'est affirmer que si on le soumettait à la pression, il résisterait (*would resist*) au fait d'être rayé. Il s'agit là d'un énoncé conditionnel qui vaut aussi de manière contrefactuelle, et qui présente donc l'avantage d'être vrai même d'un diamant qui n'a jamais été ou ne sera jamais soumis à la pression. La dureté est alors comprise comme une propriété générale qui ne disparaît pas entre les tests : ce n'est pas une pure fiction de l'esprit, pas une simple possibilité logique, mais une possibilité réelle » (Tiercelin, 1993a : 39). Cette nécessité conditionnelle, doublée de « possible réel », porte plus loin que l'assertion à l'indicatif présent : elle assure et la stabilité de nos croyances (une certaine confiance à moindres frais d'enquête), et la possibilité du nouveau, de l'imprévu, du contradictoire... C'est ce que résume bien Vincent Descombes (1992 : 61) : « Notre science des choses ne porte pas sur ce qui est, un être qu'il faudrait refléter (les régularités naturelles de l'empirisme). Elle ne porte pas non plus sur ce qui arrivera, un futur qu'il faudrait annoncer (l'explication positiviste par la prédiction). Elle porte bel et bien sur ce qui arriverait, ce qui serait le cas dans telle hypothèse : une nécessité conditionnelle qu'il faut concevoir. »

C'est cette pratique courante de la nécessité conditionnelle qui semble soutenir notre étonnante capacité à adapter nos manières de voir et à projeter nos tournures de langage dans des situations nouvelles ou des conditions inédites (cf. Cavell : « *Must we mean what we say?* » 2009), c'est-à-dire à **accommoder**, avec forcément les risques que cela comporte : risques d'erreur, ou pire, risque de se trouver « déplacé ». Ainsi les films de Hitchcock n'arrêtent-ils pas de nous montrer l'homme ordinaire précipité dans une situation extraordinaire où ses mots ne trouvent plus leur sens – typiquement Cary Grant dans *La Mort aux trousses* – ou encore les mauvais tours (et détours) que nous jouent les objets les plus usuels.

Reste que la vision de formes signifiantes ne nous implique pas de la même façon selon qu'il s'agit d'une situation directement vécue, prise dans le tissu de nos interactions, ou de la représentation d'un film. Outre le fait qu'un coup de feu tiré à l'écran, même à balle réelle, n'atteindra jamais le spectateur, ce qui distingue radicalement la perception d'un film de celle du réel, c'est qu'un film (comme toute œuvre) nous présente des significations déjà organisées, unifiées et orientées par les intentions du Filmeur à notre intention de Spectateur. À l'écran, nous ne voyons pas des choses mais une vision des choses ; notre voir est investi de tout un pré-vu. Nous le savons mais l'oublions le temps de la projection (plaisir à la fois hypnotique et complice). Nous ne voyons pas des choses et actions éparses, fragmentaires, allant en tous sens, comme dans le monde agissant des objets et gens qui nous enrobe ; nous voyons face à nous le déroulement sélectif d'un drame orienté (au sens large et grec du mot, y inclus « la dramaturgie de la nature » dont parle si bien Bazin [1985] à propos de la spécificité du cinéma relativement au théâtre).

L'œuvre d'art nous fascine et nous interroge parce qu'elle réfléchit le sens de notre regard à travers le regard dont elle provient et qu'elle détient. C'est ce qui motive le titre choisi par John Berger pour ses réflexions sur les arts de l'image : *Voir le voir* (2013). Et c'est ce que Pascal ne voit pas, ou ne veut pas comprendre, quand il taxe de vanité la peinture « qui attire l'admiration par la ressemblance des choses dont on n'admire point les originaux ». Aux yeux des philosophes de l'idéal métaphysique, comme Pascal ou Platon, notre monde ordinaire, commun, est une dégradation, une chute, et les images produites en ce bas monde des dégradés de dégradés. Il est certain que l'avènement du cinéma, à la charnière des XIXe et XXe siècles, n'a pas peu contribué, en tant qu'art populaire (voir la querelle sur « le cinéma est-il un art ? »), à la réhabilitation ou plutôt à l'habilitation « esth-éthique » de l'homme courant, tout à la fois comme corps en mouvement, passant, personnage et spectateur. On pourrait ainsi, avec les premiers théoriciens perspicaces du cinéma comme Balazs et Epstein ou Pasolini plus tard, renverser la proposition de Pascal, et souligner que la « reproduction » cinématographique, par sa poétique originale du mouvement cadré et du temps remonté, nous découvre la beauté ou l'étrangeté ou même la cruauté du monde qui nous entoure et de ses habitants, que, sans le film, nous n'aurions peut-être pas discernées.

4 *Entre vue et vision quelle distinction ?*

> L'énigme tient en ceci que mon corps est à la fois voyant et visible. (Merleau-Ponty, 1990 : 18)

La vue. Une vue. Même mot pour une faculté (subjective) et son résultat ou son prétexte (objectif). D'emblée, l'article défini évoque la faculté de voir ; l'indéfini convoque un paysage, un tableau ou une photo. Le cinématographe a commencé non par des plans (montage et découpage n'existant pas encore) mais par ce qu'on appelait des « vues animées ». Notre langue comprend « vue » d'une part comme la faculté de percevoir avec nos yeux, un sens dont l'ophtalmologiste peut mesurer la capacité ; d'autre part, comme ce qui s'offre à cette faculté, ce que nous avons (ou pouvons avoir) sous les yeux : un paysage par exemple, une vue du mont Fuji.

On dit couramment une chambre « avec vue », attribuant ainsi à la pièce et le charme du paysage qu'elle domine, et le point de vue qu'elle nous offre. Quand on parle ainsi d'une « belle vue », c'est soit qu'on vante un certain point de vue, un endroit d'où admirer (nombre d'hôtels portent ce nom), soit un tableau ou une photo montrant le paysage reproduit d'un certain point de vue. **Ainsi le mot « vue », unissant jusqu'à les confondre sujet et objet, ordonne-t-il le va-et-vient entre voyant et vu, entre l'exercice du regard et ce qui le suscite (paysage) ou en résulte (par reproduction ou projection sur toile ou écran).**

« Vision » prolonge le sens de « vue » comme faculté de voir : « une vision claire ou panoptique », « un angle ou un champ de vision ». De façon plus abstraite, noétique (et non plus oculaire), chacun peut avoir une vision de l'avenir ou une vision du monde (Weltanshauung) ou encore une vision objective des choses. Ici, « vision » rejoint « point de vue » au sens d'opinion, croyance, pensée (et non plus au sens physique de coup d'œil, poste d'observation). À ce même niveau, on parle aussi de « vue de l'esprit » mais plutôt pour marquer cette fois non une idéologie effective (comme « vision du monde ») mais une idée en l'air, hypothétique, sans réalité ou sans prise sur la réalité, utopique. Mais voilà que « vision » peut déborder dangereusement le réel supposé lui faire face, pour se livrer à l'inflation subjective d'une imagination débridée sous l'effet du fantasme, voire de l'hallucination : « J'ai eu une vision ! Il a des visions ! »

Au fond, il y a là une conséquence dérangeante mais logique : si la vision était un rigide face-à-face étanche entre sujet voyant et objet vu, on voit mal comment ils s'entre-appartiendraient dans un monde commun ! Or ils s'embrassent, « de sorte que voyant et visible se réciproquent » comme le dit Merleau-Ponty (1964 : 183). Il y a bien une perméabilité et permutabilité, à travers mon corps, entre voyant et visible ; mon champ de vision est à la fois réception et projection. Cela entraine évidemment une confusion possible, du simple effet d'optique à l'hallucination, en passant par le trompe-l'œil, le faux-jour, le faux-semblant, la fantasmagorie, l'illusion. « Vision » aussi bien que « vue » ont donc des acceptions à la fois objectives et subjectives, et couvrent, jusqu'à ses extrêmes – de l'évidence la plus objective et partagée, à l'hallucination la plus singulièrement délirante –, l'ensemble du spectre de cette faculté pétrie de duplicité, censée observer et refléter le monde extérieur pour nous y orienter, mais susceptible d'y projeter nos illusions, nos démons et de nous perdre.

De cette brève analyse ressort que les termes mêmes chargés d'asserter et manifester le plus couramment l'évidence, la réalité des choses, la vérité objective ainsi que la connaissance, la compréhension que nous en avons (« Je vois... c'est vu... vous voyez... je l'ai vu de mes propres yeux... tout le monde voit que... ») sont empreints également de subjectivité et de possible illusion. Ils entremêlent allégrement l'objectif et le subjectif, le processus et le résultat, l'intérieur et l'extérieur, le réel et le fantasme ! Ce que condense à merveille l'ambivalence du terme désignant notre fonction privilégiée au cinéma : voyant. Ce participe présent du voir ordinaire (la caméra descriptive est dite « omnivoyante ») désigne aussi celui (ou celle) qui est supposé voir ce qui n'est pas (ou pas encore) visible : les spectres, les présages, l'avenir. L'épithète « voyant » est on ne peut plus pertinente, puisque la projection cinématographique dote son spectateur de double-vue : il voit à l'écran de ses propres yeux la vision d'un autre qui lui apparaît cependant comme sienne.

Loin d'être un défaut ou un manque de détermination, ce double-jeu, ce vague de nos concepts quant à la vision (Tiercelin, « Sémiotique du vague », 1993b) montre au contraire la fluctuation nécessaire à exprimer logiquement ce va-et-vient psychologique, ces échanges en clair-obscur qui marquent notre relation (corporelle et figurative) au milieu et à ses variations (entre fait et fantasme, certitude et trouble, évidence et aveuglement). Le vocabulaire effectif et affectif de la vue et de la vision implique une grammaire de relations dynamiques, un jeu de vases communicants – non une opposition substantielle comme le soutient la psychologie mentaliste et dualiste depuis Descartes (Dokic, 2009 : 16) – entre moi et monde, intérieur et extérieur, je et vous, nous et les autres... Il nous invite donc à pratiquer, contre le solipsisme et son « mythe de l'intériorité », une psychologie pragmatiste des relations, intentions, expressions et **l'analyse de la conjugaison des différentes personnes en nous.**

Vous figurez-vous ça comme moi ?

> Pense à notre réaction devant une bonne photographie, devant l'expression du visage dans la photographie. Il pourrait y avoir des hommes qui, dans le meilleur des cas, ne verraient dans une photographie qu'une sorte de diagramme, ainsi que nous considérons les cartes de géographie ; desquelles nous pouvons tirer beaucoup de renseignements sur le paysage. Mais nous ne pouvons pas, à la vue de la carte, admirer (par exemple) le paysage, ou nous écrier : Quelle vue magnifique !
> Être « aveugle à l'aspect » doit constituer une anomalie de ce genre. (Wittgenstein, 1989 : 48)

Léonard de Vinci remarquait, dans ses carnets, que l'homme dispose d'une capacité d'imagination significative qui lui permet de voir une horde de chevaux dans des taches sur un mur. Dira-t-on que ces chevaux, que « je vois dans » ces taches, sont là ou pas là ? Que c'est pure imagination subjective sans réalité objective ? Les chevaux, visibles « dans les taches », ne sont certes pas sur le mur, personne ne les y a dessinés, ils sont le fruit du hasard (humidité et décrépitude), aucune intention ne les a placés là ; **ils n'y ont pas été figurés et pourtant ils y figurent !** Comme s'ils apparaissaient sous la tension (à l'attention) du regard... mais il n'y aurait pas ce regard sans ce support ! Je peux attirer votre regard dessus, et vous demander : « les voyez-vous maintenant ? », et vous finissez par dire : « ah oui, ça y est, je les vois ». Et d'autres comme vous s'accorderont à les voir. Nous sommes presque tous d'accord (hormis les « aveugles au changement d'aspect » dont parle Wittgenstein) pour voir des chevaux dans les taches de ce mur. Dirons-nous alors qu'ils ont une réalité objective ? ou qu'ils sont objectivement cachés dans le mur ? ou encore que cet assemblage de taches objectif produit l'impression subjective de chevaux sur tout regard humain attentif ou averti ? Si (presque) tous nous y voyons des chevaux, ne dirons-nous pas que cette vision est objective, d'autant plus que la minorité qui ne les voit pas sera taxée de carence ? « L'aveugle à l'aspect qui ne voit pas le trompe-l'œil (ou l'illusion du cube en volume produite par le dessin sur le papier) voit moins et non pas mieux sous prétexte qu'il ne tombe pas dans le panneau. Et jusqu'à quel point peut-on lui apprendre à partager notre erreur, notre illusion ? » (Schulte, 2001 : 194). Ici le paradoxe est que l'accomplissement de la vision, sa pleine vérité commune si l'on veut, est bien de voir l'illusion (non d'y être insensible au nom de la Réalité !), pour ensuite la reconnaître comme illusion, ce qui ne nous empêche nullement de continuer à la voir ! S'ajoute encore que nous pouvons tomber d'accord pour voir « objectivement » une frise de chevaux sur le mur décrépi mais pas d'accord « subjectivement » sur la description de sa configuration. Chassez le subjectif, il revient au galop… pour réclamer la première place devant l'objectif de la *photo-finish* !

Quoi qu'il en soit, ce qui nous permet de déterminer le plus ou moins de subjectif ou d'objectif, ce sont bien les critères clefs de l'intention et de l'action. « Tu peux bien dire que la description de ce que tu vois, la description de ton impression visuelle, comprend non seulement ce que montrerait une copie, mais aussi l'indication que tu verrais ceci "comme solide", cela "comme un intervalle". Or ce qui importe ici est ce que nous voulons savoir quand nous demandons à quelqu'un ce qu'il voit » (Wittgenstein, 1989 : 230, § 1118). La question du voir ne saurait être si générale qu'elle n'implique où et comment se focalise notre regard pour la circonstance.

On pense à l'amusante histoire de Sherlock Holmes et Watson campant sous la tente. Se réveillant en pleine nuit, Holmes demande à Watson ce qu'il voit au-dessus d'eux. Interrompant ses ronflements, Watson sursaute et répond docilement :

– le ciel, les étoiles, la voûte céleste.
– Mais encore Watson, mais encore ? reprend Holmes.

– Le noir de la nuit, l'immensité de l'univers...
– Mais encore Watson, mais encore ?
– Euh... Dieu ! lance Watson en désespoir de cause.
– Watson, on s'est fait piquer la tente !

Personne (hormis les paranoïaques pour qui tout signe fait signe « exprès », déformation inverse de celle des « aveugles à l'aspect »), personne ne va imaginer que ces figures de chevaux sur le mur, vu leur matière et manière d'apparaître, ont été dessinées intentionnellement (à moins de découvrir qu'il y a là sous le crépi une ancienne fresque « voulue »). Leur aspect d'accident reconnu, elles n'en persistent pas moins et tout le monde s'accordera à dire, assez paradoxalement, que **nous voyons des chevaux là où il n'y en a pas... mais personne n'ira non plus dire que c'est une hallucination !** Constat paradoxal dû à une confusion sémantique entre l'imagination censée obéir à la volonté, et la vue réputée involontaire. Alors, plutôt que d'objective, vaudrait-il mieux qualifier cette vision hippique de « suggestion partagée », « illusion commune », « vision subjective collective », « apparition reconnue » ou « apparence évidente » ? S'agit-il d'un percevoir ou d'un concevoir ?

En attendant mieux, nous pourrions dire ceci : ce mur décrépit (qui n'est pas celui d'une caverne), qui a été peint mais sur lequel personne n'a peint, laisse ou fait voir des formes de chevaux. Mais « voir » s'entend ici au double sens de « visualiser » (à l'instar du mot « image », tantôt *pictura* = l'image sur le mur, tantôt *imago* = représentation mentale), entre percevoir et concevoir. Il ne s'agit pas d'un voir simple mais d'un *voir-comme* (notion clef analysée plus loin, dont le parangon est la fameuse image ambivalente du canard-lapin de Jastrow). Disons que les chevaux apparaissent **dans** les écailles et les taches de peinture du mur, non qu'ils ont été peints **sur** le mur. **Ils n'y sont donc pas figurés (intentionnellement) mais y figurent (accidentellement) et nous tous (hormis les aveugles à l'aspect) les y voyons nécessairement en tant que cette signification accidentelle (ou cet accident signifiant), partageable mais aussi aléatoire car dépendant d'un *voir-comme*.** Telle serait l'expression la plus précise de ce phénomène de chevaux fantômes, qui nous aide à mettre en relief les partages et va-et-vient entre subjectif et objectif, intentionnel et accidentel, fortuit et nécessaire, percevoir et concevoir. C'est que notre vision n'est pas contemplation passive mais actif échange de vues, visée : elle sert non seulement à nous informer sur le milieu mais à y orienter nos actions et à les envisager. « Il n'est pas d'aspect qui ne soit (aussi) une saisie » (Wittgenstein, 1989 : 120 § 518). N'en déplaise à Platon, nous ne sommes pas des prisonniers enchaînés dans une caverne contemplant, immobiles, le mur du fond pendant que la vérité nous passe derrière le dos. Non, nous pouvons nous retourner et agir et parler, et même (plus ou moins) nous mettre à la place des autres, comparer, élargir, modifier notre point de vue. Nos visions, comme nos idées, se mesurent à nos agissements, intentions et interactions, et à leurs conséquences réelles ou possibles.

6 *Dirait-on que notre perception est vraie, et celle du chat ou du corbeau fausse ?*

« Objectif » et « subjectif » ne sont pas des propriétés substantielles, ces termes désignent des positions et oppositions, des modes de relation et de distribution, sujets à interférences, permutations, variations (suivant le découpage, l'échelle, le point de vue et l'aspect du monde considéré). Si tous nos jugements ou perceptions étaient « subjectifs » au sens solipsiste de purement personnels et internes, on voit mal comment ils se recouperaient pour faire un monde commun en état de marche, et dans lequel nous puissions marcher. S'ils le font, c'est bien que nos significations sont à la fois acquises dans une gestuelle et une langue maternelle convenues, et que chacun de nous est capable de les projeter avec succès (mais non sans risque) dans des situations nouvelles… Comme le dit John Austin (1962 : 334) : « Nous utilisons les mots comme un moyen de mieux comprendre la totalité de la situation dans laquelle nous nous trouvons amenés à faire usage des mots. »

Si vous et moi sommes dans une pièce éclairée par une bougie (l'exemple est de James, W. 2005), les sensations, souvenirs, sentiments, pensées et brûlures qui me relient à cette bougie sont les miens, différents des vôtres qui vous y relient de votre côté, mais si je souffle ma bougie, je souffle aussi la vôtre. Nos « transitions » sont personnelles (subjectives) mais nos « terminaisons » sont communes (objectives) et naturellement nous pouvons en discuter, c'est-à-dire établir des connexions intersubjectives entre celles-ci et celles-là. Nous pouvons parler bougie : en quoi la mienne ressemble à la vôtre ou pas, et en tirer des conclusions objectives, quoique relatives, quant aux effets des bougies sur les hommes (à chacun ses brûlures personnelles mais tous seront également brûlés). Ces conclusions seront objectives parce que constatables et partageables dans les cas décrits, et elles seront relatives car valables sous ces aspects-là, peut-être extensibles mais pas exhaustifs. (C'est tout le problème de la généralisation abusive, que moquait tant Austin en philosophie, et celui des sciences nomothétiques).

En regard de notre frise de chevaux, nous pourrions invoquer un autre exemple de William James (2005 : 126), qui tire à peu près les mêmes conclusions non plus de la vision mais de l'odorat : « Prenez une charogne informe et la dégoûtance qui pour nous fait partie de l'expérience. Le soleil la caresse et le zéphyr la courtise comme si c'était un parterre de roses. Ainsi la dégoûtance n'opère pas au sein du royaume des soleils et des brises, elle ne fonctionne pas en tant que qualité physique. Mais la charogne nous retourne l'estomac par ce qui semble être une opération directe, par conséquent elle fonctionne bien physiquement, dans cette région limitée de la physique. Cette opération, nous pouvons la tenir pour physique ou non physique, suivant que le contexte est plus ou moins large ; et inversement bien sûr, nous devons la tenir pour non-mentale ou pour mentale. »

« Subjectif » et « objectif » n'ont de sens que dans un système de relations entre une espèce et son milieu, comme l'a démontré Jakob Von Uexküll dans son livre fondateur, datant de 1933 : *Milieu animal, milieu humain*. Dirait-on que notre perception est vraie, et celle du corbeau ou du renard fausse ? Nous dirons plutôt que telle forme de perception est adaptée ou non à telles conditions de vie, qu'elle est plus ou moins opérationnelle dans telles circonstances. Pour les humains cependant, nous ne pouvons en rester à ce darwinisme élémentaire, car, à la différence des autres espèces du globe, nous n'avons pas à proprement parler de niche écologique ; nous construisons un monde, entre nature et culture, dans lequel nous pouvons nous conduire et nous projeter grâce à nos cinq sens plus un : la pensée articulée au langage. Ainsi, la supériorité de l'homme, c'est qu'il peut élargir son point de vue jusqu'à observer la perception et le milieu des autres espèces (la réciproque n'est pas vraie). Dans le monde humain, la variabilité individuelle des conduites et des interprétations, l'invention de nouveaux possibles nous soustraient au seul déterminisme instinctif et adaptatif. À la différence du « psychisme », qui, au sens de Vincent Descombes (1995 : 221), désigne la part adaptative et automate de la subjectivité (l'être pour soi animal suivant des calculs d'autoconservation), l'esprit se caractérise par la capacité à déterminer ses propres buts, pas seulement à atteindre rationnellement des buts déjà fixés. Dans cette perspective, la psychologie de l'esprit se présente non comme une sorte de para-physiologie des « états mentaux » mais comme une science sociale et biographique. « Peut-être trouveras-tu étrange l'affirmation selon laquelle la mémoire de cette époque se distinguait fondamentalement de la mémoire d'aujourd'hui ; car tu as suivi les cours de psychologues qui ne connaissent que la mémoire (soi-disant historiquement neutre) et ne se doutent pas qu'il existe une histoire des compétences et des actes psychiques tout comme il existe une histoire des idées, et que la psychologie devrait avoir les mêmes méthodes de travail qu'une science historique » (Anders, 2012 : 79). Décrire l'état d'esprit de quelqu'un, c'est rendre compte de son histoire, non observer son système nerveux ; « lui attribuer des croyances, c'est esquisser certains scénarios et en exclure d'autres, ce n'est en aucun cas pratiquer l'inspection d'un donné actuel » (Descombes, 1995 : 270). Comme l'a dit drôlement Wittgenstein dans ses *Remarques sur la philosophie de la psychologie* : « **Pour estimer l'heure qu'il est, on ne cherche pas à se représenter une horloge** ».

Cette psychologie de l'esprit (à l'opposé du mentalisme) se propose donc une description « esth-éthique » de ce qui, chez les humains, articule sens et existence, à savoir : **l'action et l'expression**, ce qu'on nomme couramment « nos faits et gestes », nos interactions en tant qu'intentions incarnées. « L'action ne nous permet pas seulement de voir le désir, elle est le désir incarné dans l'espace public. Le désir est même défini par l'action qui l'exprime » (Taylor, 1999 : 83). Dans cette optique, l'expérience du cinéma, aussi bien comme mise en scène que comme spectacle, fournit une matière à réflexion exemplaire, riche et dense, sur nos comportements, paroles et visions ; et les films (quel qu'en soit le support) consignent cette matière sous une forme objectivée, répétable et partageable, qui facilite de façon exceptionnelle l'analyse.

Signifier, avec des images comme avec des mots, c'est faire signe, montrer et décrire, vouloir dire quelque chose à quelqu'un sous un certain aspect, dans une certaine intention. Ce vouloir dire/montrer, c'est à la fois un geste et une conduite (esthétique et éthique), c'est s'exposer et risquer une interprétation, poursuivre un motif, répondre de ce que nous disons/montrons. On trouve peut-être là ce qui distingue profondément l'expression de l'information, l'art de la communication, le cinéma (et la cinéphilie) de la télévision (et du credo médiatique). Deleuze ne commença-t-il pas sa conférence devant les cinéastes en herbe de la Femis, en soulignant que l'art (et donc le 7ᵉ art) n'informe pas, ne communique rien, il est résistance à la mort ? La télé fait comme si la prise de vue était un analogue automatique de la chose ou de l'événement qu'elle (re)produirait « tel quel », comme une évidence, une information objective (donc sans sujet responsable de la traduction). Le cinéma, en revanche, en tant qu'art de la mise en scène et du montage, sait depuis cent ans (en dépit de contributions notables à la propagande « objective ») que, documentaire ou fiction, il doit bien traduire (nos agissements) pour ne pas trahir, obligés que nous sommes, nous et nos arts, d'assumer et prolonger et partager le sens… « pour la suite du monde » (comme dit le beau titre de Brault et Perrault). C'est-à-dire que le cinéma est un langage (le dernier en date apparu sur terre), un langage véritable et il le sait. La télévision est un appareil ménager, une vitrine (pour images de marque) ou une commodité (Hitchcock la compare à l'introduction des toilettes dans les maisons – Hitchcock, 2012 : 309). Il en plaisante encore, dans sa causerie au gala de la *Screen Producers Guild,* en mars 1965 : « On a murmuré que je détestais les spots publicitaires à la télévision. Je plaide non coupable, je les adore. J'admets bien volontiers qu'ils sont bruyants, écœurants, ridicules, ternes, ennuyeux et de mauvais goût… Mais tant d'autres choses le sont aussi, les orateurs de gala par exemple. La différence, et voici la raison pour laquelle j'adore les publicités, la différence c'est qu'on peut éteindre la télévision. C'est un progrès qui ouvre une nouvelle ère. Dans toute l'histoire du sadisme, le spot publicitaire est le seul exemple où l'on voit l'homme inventer une torture en donnant à la victime le moyen d'y échapper. Ce qui est intéressant, c'est de constater combien peu de gens profitent de cette opportunité » (*ibid.*)

7 *L'aspect change-t-il selon qui regarde, et d'où ?*

Regardons un visage à l'écran, celui d'Alicia (Ingrid Bergman) par exemple, attablée à Rio avec Devlin (Cary Grant) dans *Notorious* (*Les Enchaînés*) : nous y voyons passer une ombre, face aux sarcasmes de Devlin, sans doute l'ombre du doute. D'où tirons-nous cette vision ? « Ombre du doute », est-ce l'expression adéquate dans ce cas ? Est-ce une vision ou une interprétation ? objective ou subjective ? Cette ombre, est-ce bien le visage d'Alicia (ou d'Ingrid Bergman jouant Alicia) qui l'exprime, ou bien est-ce moi, Spectateur, qui imagine la voir ? Mais exprimer et reconnaître tel sentiment ne renvoient-ils pas logiquement l'un à l'autre à travers notre apprentissage commun, n'est-ce pas le recto et le verso d'une même expérience partagée du corps humain, qui donne forme à notre esprit ? Mais peut-être cette ombre n'est-elle au fond qu'un aléa de l'éclairage, l'ombre portée d'un passant ou du serveur ? Mais peut-on voir une ombre accidentelle de la même façon que l'ombre sur un visage, qu'un visage « ombrageux » ? Et cette ombre-là n'est-elle pas faite exprès, n'est-elle pas un effet voulu de la mise en scène ? Hitchcock ne se plaît-il pas justement à matérialiser par l'ombre du serveur passant sur le visage d'Alicia le fait qu'elle s'assombrit devant l'ironie féroce de Devlin (qui met en doute sa sobriété comme son amour) ? Dépitée, Alicia n'est-elle pas en train de sombrer (de s'ombrer) ! Et ne va-t-elle pas justement, amère et sombre désormais (elle le restera une fois le serveur parti), commander un autre verre par provocation, comme pour relever le défi et complaire à l'image de femme dépravée que lui renvoie le démoniaque Devlin par peur d'en tomber amoureux ?

Peut-être encore, pure hypothèse d'école, cette ombre sur son visage, Alicia la simule-t-elle... pour apitoyer Devlin par exemple (c'est d'ailleurs ce qu'il voudrait croire) ? Mais alors moi, spectateur, me laisserai-je tromper ou verrai-je la tromperie tout comme j'ai vu l'ombre ? Et cette tromperie, si je la voyais, c'est qu'elle ne réussirait pas à me tromper ; mais si je ne la voyais pas, ce serait que le film est raté, puisque cinéaste et actrice auraient « visiblement » fait en sorte que je vois l'ombre comme simulée (ce que les autres protagonistes du drame, eux, ne verraient pas ! Et de cet écart naîtrait un suspense : moi Spectateur je verrais objectivement une chose à laquelle les autres personnages seraient subjectivement aveugles). Si cette hypothèse hasardeuse était valable, surgirait alors la question de savoir si c'est le personnage d'Alicia qui simule vraiment ou l'actrice jouant Alicia qui joue mal et donne cette fausse impression, alors que ce n'est « visiblement » pas prévu dans le rôle ? Cela aussi je peux « visiblement » le distinguer et l'induire. Remarquons que si j'hésite entre « vraie » feinte du personnage ou jeu faux de la comédienne, c'est soit que je (S) manque de discernement, soit que mise en scène et interprétation sont mauvaises, soit que c'est fait exprès pour déstabiliser mon régime de croyance entre fiction et documentaire, puisque par ce procédé l'acteur perce sous le personnage, la fabrique du film à travers le film (comme dans *Les Idiots* de Lars Von Trier par exemple).

« Peut-on apprendre à connaître les hommes ? Certains le peuvent. Non en suivant des cours mais par l'expérience. [...] Je peux reconnaître un regard véritablement amoureux, le distinguer d'un regard qui simule l'amour (et naturellement mon jugement peut ici recevoir une confirmation "pondérable"). Mais il se peut que je sois dans l'incapacité totale de décrire ce qui les différencie » (Wittgenstein, 2004 : 318, 319). C'est justement le propre des bons cinéastes, romanciers et dramaturges, que de savoir mettre en scène (rendre « pondérables ») ces nuances « impondérables ». Une femme, jouée par la star du muet Asta Nielsen, est soudoyée pour séduire un jeune homme riche. « L'homme qui l'y a contrainte l'observe, dissimulé derrière un rideau. Consciente d'être épiée, Asta Nielsen simule des sentiments amoureux. Elle le fait de façon convaincante, son visage reflète toute la gamme des mimiques amoureuses. Nous voyons que c'est joué, que c'est faux, ce n'est qu'un masque. Au cours de la scène, Asta Nielsen tombe réellement amoureuse du jeune homme. Ses traits changent de façon imperceptible puisqu'aussi bien elle avait jusque-là montré de l'amour, et ce à la perfection ! maintenant qu'elle aime réellement, que pourrait-elle montrer de plus ? C'est seulement une lueur différente, à peine perceptible, immédiatement reconnaissable, qui fait que l'expression de ce qui auparavant était simulé devient celle d'un sentiment profond, authentique. Mais Asta Nielsen a soudain conscience d'être observée. L'homme caché derrière le rideau ne doit pas lire sur ses traits que ce n'est plus un jeu. Elle fait donc de nouveau comme si elle mentait. Une nouvelle variation, désormais à trois voix, apparaît sur son visage. Car son jeu d'abord simulait l'amour, puis le montrait sincère, et à présent sa simulation est devenue mensonge. *Elle nous fait croire qu'elle ment* » (Balazs, 1979 : 59). Pour être plus précis que Balazs, qui souligne justement cette dernière phrase, disons que la femme veut *faire croire à l'homme dissimulé qu'elle ment* afin de lui cacher sa véritable flamme, mais *nous,* spectateurs, voyons ce double et même ce triple jeu, puisque nous embrassons tous les points de vue et jouissons d'une vue d'ensemble sur la dupeuse tombant vraiment amoureuse de sa dupe, et le dupeur (derrière son rideau) dupé par cet amour qu'il continue de voir comme une feinte, sauf que la feinte, nous le voyons nous, Spectateurs, s'est inversée : elle est maintenant à son adresse !

Cette scène exemplaire nous donne l'occasion d'introduire une distinction psychologique significative : ce que montre un même plan peut changer de sens selon qu'il est censé être vu seulement par nous spectateurs, ou bien avec un ou plusieurs personnages du film. Nous pouvons nommer le premier cas « pour nous » (c'est la fameuse *audience camera* de Welles, que Hitchcock nomme « usage dramatique »), et le second « avec lui, elle, eux » (que Hitchcock nomme « accompagnement »), entendant par là que nous partageons, *via* le mouvement de caméra, ce que fait ou voit tel ou tel personnage. Griffith est un des premiers à avoir saisi cette modalisation du sens de la chose vue par qui la voit. Dans *Naissance d'une nation* (1914), le héros, fondateur du Ku Klux Klan, a rendez-vous avec sa fiancée qui, elle, est la fille adoptive d'un noir. Notre héros tient cachée sous son bras la tunique blanche frappée de la croix qui le trahirait. Dans le feu de la discussion, la tunique tombe à ses pieds : gros plan en plongée sur le vêtement. Suspense ! Mais c'est seulement nous, Spectateurs, qui l'avons vue, comme nous le confirme le retour au plan américain sur les deux jeunes gens qui continuent de converser... jusqu'à ce que soudain ils aperçoivent « la chose » à leurs pieds : même gros plan de la tunique que précédemment, mais tout à fait différent car désormais surchargé de leurs deux regards, et donc d'un sens nouveau qui va entraîner la rupture. La signification, on le voit, n'est pas une correspondance dyadique, un face-à-face fixe entre la chose et son nom ou son image, elle est *triadique* (C. S. Peirce), elle passe par le contexte actuel et la chaîne des interprétants.

À la fin de *Citizen Kane*, l'*audience camera* aérienne de Welles nous révèle (à nous spectateurs omnivoyants) le secret brûlant du

Rosebud, inscrit sur le traîneau de Kane enfant, à l'insu de tous les protagonistes du film. Dans presque tous ses grands films, Hitchcock joue aussi de cet écart de savoir entre nous (spectateurs) et eux (les personnages) : nous en savons plus qu'eux, ou nous partageons le plus-de-savoir de l'un à l'exclusion des autres (*Sabotage*, *L'Ombre d'un doute*, *La Loi du silence*, *La Corde*, la 2e partie *de Vertigo...*). Dans *Stagefright* (*Le Grand Alibi*), Hitchcock s'amuse même à renverser cet effet à nos dépens : nous (S) croyons en savoir plus grâce au *flash-back* initial, et découvrons à la fin du film que cette scène remémorée était un mensonge (tromperie coupable dont Sir Alfred s'excuse dans son entretien avec Truffaut !). Cependant, à la différence du shakespearien Welles et de ses secrets mortels, chez le pragmatiste Hitchcock (attaché à l'esprit public, à la façon d'un Dewey), la vérité doit éclater publiquement, se manifester (souvent sur la scène d'un théâtre, avec mort « réelle » du coupable) pour être reconnue par et pour tous, y compris par **le spectateur qui la connaît déjà mais doit la voir reconnue** ! À l'opposé du coup de théâtre comme artifice et effet de surprise, la scène de théâtre (ou de *music-hall*), dans nombre de scènes finales de Hitchcock, sert paradoxalement à faire éclater publiquement la vérité : connue auparavant de moi seul, spectateur, dans le secret du film, donc aussi inopérante qu'insupportable (pour ne pas dire paranoïaque), la vérité se voit révélée devant un public représenté à l'écran, public (diégétique) qui objective et valide ma créance, et dans lequel, soulagé, je (S) me fonds démocratiquement... Mais il est aussi dans l'œuvre de Hitchcock des films plus sombres au final plus sceptique : la vérité n'y transparaît qu'aux yeux du héros (ou de l'héroïne) et du spectateur, à l'insu du monde (diégétique) : *Sabotage*, *L'Ombre d'un doute*, *Vertigo*... Certes le crime est puni mais il reste celé. Le final de *L'Ombre d'un doute* met en scène cette zone d'ombre de la façon la plus manifeste : sur le parvis de l'église, la petite Charlie médite sur la destinée criminelle de son oncle, le tueur de veuves dont elle a précipité la chute, tandis que la voix du prêtre à l'intérieur (hors champ) fait l'éloge funèbre du philanthrope défunt qui a tant fait pour la ville !

Comment le Film partage-t-il le regard du Spectateur ?

Par « Filmeur », nous entendons une instance (non une personne) comprenant l'ensemble des agents et intentions ayant contribué à la scénarisation, au découpage, au tournage et au montage/mixage du film projeté, y inclus la place attribuée au spectateur (S) dans l'échange des points de vue. « Film » désigne comment, à travers les figures du tournage (cadrages, mouvements d'appareil et d'acteurs) et du montage, le film s'adresse au spectateur (note S), ses façons de l'impliquer et de susciter sa créance.

« Créance » veut dire au sens premier du terme : « Action de croire en la vérité de quelque chose. Donner créance à quelque chose : rendre croyable, vraisemblable, donner des garanties de sa véracité. Ajouter créance à quelque chose : ajouter foi » (Grand Robert). On trouve dans ce mot, d'une part la croyance passive, celle que j'accorde à ce qu'on me dit ou me montre, d'autre part la croyance active que je cherche à produire chez autrui. Ainsi le cinéaste vise à donner créance à son film, à faire croire à la vraisemblance (en fiction) ou à la véracité (en documentaire) de ce qu'il montre au spectateur; et le spectateur accorde ou non sa créance (sur le mode du « comme si » en fiction, du « comme ça » en documentaire, c'est-à-dire sur le mode de la vérité et du doute historiques ici, de la vérité et de l'adhésion dramatiques là). On peut demander créance à quelqu'un, ou provoquer sa créance. Réciproquement, on peut accorder (ou refuser) sa créance à autrui. « Créance » est un mot nécessaire à notre enquête parce qu'il est interactif et réciproque, par rapport à « croyance » qui a tendance à nous enfermer dans une subjectivité solipsiste passive. Même si l'on peut à la rigueur accorder sa croyance à quelqu'un ou à telle information, on ne saurait « demander croyance » : croyance apparaît plus comme un état d'esprit que comme une relation ou une interaction entre personnes.

Soulignons avec Wittgenstein, que, comme d'autres verbes dits psychologiques (sentir, avoir mal, imaginer...) « croire » ne saurait fonctionner à la première personne de l'indicatif présent comme aux autres personnes et aux autres temps. Ainsi « il croit faussement que... » fait sens mais pas « je crois faussement que... », et de même « il imagine qu'il a mal » mais non « j'imagine que j'ai mal ». L'argument de Wittgenstein quant à cette différence essentielle entre

1re et 3e personnes des verbes psychologiques, c'est qu'on ne s'observe pas soi-même de l'extérieur comme un objet de connaissance (à proprement parler on ne se connaît pas, on ne peut pas se connaître au sens où on connaît les autres et bien sûr cela ne veut pas du tout dire que « mon moi m'est caché », cela signifie que la grammaire du verbe « connaître » ne s'applique pas dans ce cas). Personne ne se dit à soi-même : « qu'est-ce qu'il va faire maintenant celui-là ? » Pour la même raison, c'est quand on parle des autres, et non de soi, qu'on emploie « subjectif » : « il a un regard très subjectif sur la question », et non « j'ai un regard subjectif ». Cela explique un des paradoxes de la caméra subjective personnage, que nous analyserons plus loin : elle ne fonctionne qu'au regard d'un tiers spectateur qui à la fois endosse la vision supposée du personnage et l'observe ! Comme nous allons le voir, la plupart des figures clefs du spectacle cinématographique jouent de ce don de double-vue, qui s'avère être la forme d'idéalisation essentielle au cinéma, et la source du plaisir qu'il nous offre. Il est certes plus difficile dans la vie qu'au cinéma de voir ce que les autres voient ou pensent... Peut-être est-ce une vertu psychologique du cinéma de nous y aider ! Peut-être nous permet-il presque (au sens de « comme si »), par ses jeux de réflexion, de nous voir voyant, transgressant ainsi, le temps de la séance, la différence pointée par Wittgenstein entre 1re et 3e personnes... Et peut-être aussi le hors champ nous fait-il voir ce que nous ne pouvons voir : les limites de notre champ visuel, champ qui, précise Wittgenstein, n'est pas quelque chose que nous possédons et pouvons partager... sauf par l'artifice du cinéma ! Car la caméra, moyen technique et magique de « transport » (au double sens de l'anglais « motion ») partage le regard, au double sens du mot français « partager » : le regard (du spectateur, du personnage, du filmeur), elle le divise et le met en commun en même temps ; elle le canalise, le singularise et l'offre en échange à la fois.

Focalisation et ocularisation : vous vous y voyez, vous ?

On a envisagé le moi représenté comme une sorte d'image que l'individu essaie d'amener les autres à se faire de lui. Bien que l'on mette cette

> image en rapport avec l'individu, afin de pouvoir lui attribuer un moi, ce moi lui-même n'émane pas de son possesseur mais de la totalité du spectacle de son activité, puisqu'il est produit par le caractère circonstanciel des événements qui permet aux spectateurs d'interpréter la situation. Un spectacle (au sens des activités sociales) correctement mis en scène et joué conduit le public à attribuer un moi à un personnage représenté, mais cette attribution est le produit et non la cause d'un spectacle. Le moi en tant que personnage représenté n'est donc pas une réalité organique ayant une localisation précise et dont le destin serait de naître, d'évoluer et de mourir ; c'est un effet dramatique qui se dégage d'un spectacle que l'on propose (en société), et la question décisive est de savoir si on y ajoute foi ou non. (Goffman, 1973 : 238)

Pour simplifier, pourrions-nous dire qu'un film se compose d'une part de **vues** « objectives » dans lesquelles les choses sont décrites de l'extérieur (« *nobody's point of view* », focalisation zéro) ; et d'autre part de **visions** subjectives focalisées par tel ou tel personnage ? Nous aurions là en quelque sorte des équivalents du récit respectivement à la troisième personne (vue) et à la première personne (vision). Mais à l'évidence les choses sont loin d'être aussi simples, même à l'écrit. Le style indirect libre est là pour nous rappeler ces formes de conjonction de personnes, où le personnage est vu (ou entendu) à la fois de dehors et de dedans, à la 3e et à la 1re personne, le tout couronné, dans l'exemple ci-après, par l'art (schizoïde mais commun) de se tutoyer soi-même : « Howard était furieux. Qu'est-ce qu'ils s'imaginaient ! qu'il allait les laisser entrer, lui que tous avaient feint d'ignorer et méprisé. Tu vas tenir bon mon vieux et ne pas céder ! » La voix du personnage et celle du narrateur s'enchevêtrent dans la voix muette du lecteur, de sorte qu'on ne sait pas trop si c'est le narrateur ou le personnage qui parle : superposition de voix, polyphonie, ventriloquisme... le personnage endossant, pour finir, la position de l'observateur s'adressant au personnage lui-même en le tutoyant ! On trouve, à l'écran, une belle démonstration de ce dédoublement ou plutôt de ces redoublements ventriloques dans *Le Roman d'un tricheur*, de Sacha Guitry (1936), dont on sait l'influence que lui reconnaissaient aussi bien Orson Welles que François Truffaut. Le film commence sur la signature de la main du maître, accompagnée de sa voix *off* avec son léger bêlement caractéristique : « Ce film je l'ai écrit et réalisé moi-mêêême »... Puis la voix *off* de l'auteur nous guide (toujours au passé composé) à travers studios et techniciens, mais passant au présent, faisant mine, avec force déictiques, de n'être pas *off* mais hors champ (donc coprésente à la scène) elle salue ses chers collaborateurs et les convie (« venez Pauline Carton... ») à venir saluer ou poser devant l'objectif. Sur un dernier accord de piano, la scène change : une silhouette en ombre chinoise, celle du maître bien sûr, mais, tour de passe-passe, ce n'est plus celle de l'auteur, la place est prise par le personnage qui nous introduit à l'histoire, l'acteur Guitry incarnant maintenant le tricheur. Assis à la terrasse d'un café, l'homme se fait porter de quoi écrire, dit « merci » en son *in* synchrone, et entame la rédaction de ses mémoires que sa voix *off* ne tarde pas à traduire en images (en *flash-back*) et commenter à l'écran. Le formidable culot comique de Guitry est que cette voix unique, en même temps qu'elle ressuscite le passé du narrateur, plonge dans les têtes et les cœurs de tous les personnages (pour ne pas dire les entrailles puisque cela commence par l'empoisonnement aux champignons de toute la famille), tient tous les rôles, dit toutes les répliques, singe cris et invectives, pénètre ou dicte toutes les pensées, dans un exercice de ventriloquisme omniscient digne du marionnettiste le plus débridé. Guitry inverse le courant et court-circuite le parlant : il n'est pas habité par son personnage, c'est lui qui les habite tous ! Il les possède à partir de ce (non)lieu incognito d'où l'on voit tout sans être vu : le *OFF*, qui est aussi le hors-temps d'où la voix désincarnée du *speaker* prescrit nos destinées. Parlera-t-on ici de l'égocentrisme de Guitry ou de son pluralisme ? Ce que ce truculent et impertinent exercice de style nous met dans la vue, c'est que nous sommes tous, au fond, des porte-voix et des chambres d'écho, comme le démontrent tout autrement les remarquables dispositifs d'interlocution et de polyphonie dans les documentaires de Chris Marker, qui souscrirait volontiers, je crois, à la formule soutenant que le monde nous habite autant que nous l'habitons.

Ces pluralités du « moi » sont des plus courantes au cinéma puisque nous (S) voyons (de notre place) le personnage faire certaines choses, et ces choses, nous les voyons en même temps avec lui (champ/contrechamp) ou à travers lui (caméra subjective ou semi-subjective). C'est que le cinéma ne fait pas que raconter, il montre, et cette autre dimension visuelle impose, pour être bien comprise, d'ajouter au concept de focalisation, celui d'ocularisation (et celui d'auricularisation ou point d'écoute, cf. Niney, 2009 : 81 à

88). « Ocularisation » signifie que nous (spectateurs) voyons effectivement par les yeux du personnage en question, nous sommes dans sa cavité oculaire grâce à la caméra subjective simulant l'exercice de son regard. Alors que focalisation veut dire, comme en littérature, que les faits sont envisagés, relatés, imaginés du point de vue de tel personnage, point de vue s'entendant ici non au sens physique de la vue mais au sens de la pensée, de la représentation. Même si « voir » endosse l'ambivalence (« comment voyez-vous cela ? » peut questionner votre opinion ou votre vision), il convient de distinguer, dans l'analyse filmique, focalisation et ocularisation, comme on distingue « se représenter » et « voir » (Wittgenstein fait remarquer que pour mieux se représenter on ferme volontiers les yeux, pour mieux voir on les écarquille). Ainsi au cinéma, une séquence peut être focalisée par le témoin qui la relate (voir *Citizen Kane, The Killers* ou n'importe quel film noir recourant au *flash-back*), sans qu'elle soit pour autant ocularisée, vue physiquement à travers l'œil de ce témoin (qui d'ailleurs la plupart du temps apparaît dans la scène, de la même façon que nous nous voyons nous-mêmes dans nos souvenirs ou nos rêves). Voilà qui nous en apprend un peu plus sur notre don de double-vue (et de dédoublement de personnalité), et les façons qu'a le cinéma de le cultiver, superposant ou diffractant voir et se représenter.

10 *Point d'écoute et son ambiant : qu'entendez-vous par là ?*

Le cinéma sonore peut plonger le spectateur dans un jeu similaire de bascule, voire de confusion, entre intérieur et extérieur, subjectif et objectif, par déplacement du point d'écoute, entre identification et dissociation. Je (S) vois à l'écran un personnage répondre au téléphone : le film peut me mettre en position soit d'observer sa conversation de l'extérieur, sans entendre son interlocuteur ; soit de partager son écoute subjective et d'entendre à travers son oreille, ce qui me (S) place alors dans l'étrange position de voir de l'extérieur le corps par lequel j'entends de l'intérieur !

Quand advient une subjectivation délibérée du point d'écoute (par exemple quand le marchand de ballons aveugle, dans *M le maudit* de Fritz Lang, se bouche les oreilles, coupant le son du film), nous (S) prenons soudain conscience que nous entendons habituellement, sans nous en rendre compte, plus que le ou les héros parmi lesquels les plans nous projettent. En fait, musique mise à part, ce que nous entendons la plupart du temps au cours d'un film sonore est synthétique : c'est un ensemble de sons significatifs de la scène sonore (son ambiant objectif), entremêlé ou entrecoupé de pointes d'écoute subjective (partagées avec tel ou tel personnage). Mais nous (S) sommes rarement conscients de cette synthèse, superposition ou imbrication : en fait, le son passe tout naturellement (plus naturellement que l'image) du général au particulier, du lointain au proche, de l'extérieur à l'intérieur, dans la mesure où il est dans sa nature de confondre effectivement ces dimensions (nos oreilles y sont habituées) parce que, phénoménologiquement, le son est un continuum ambiant fusionnant les diverses sources audibles, alors que la vision de l'image est frontale, unitaire, successive et discontinue (saccade et balayages oculaires). On ne peut voir qu'une chose à la fois mais en entendre beaucoup en même temps ; l'ouïe porte bien plus loin que l'œil (amplifiée de surcroît par échos et réverbérations) ; nos oreilles n'ont pas de paupières et sont (plus ou moins) toujours à l'écoute du monde autour (que nous le voulions ou non, même si, comme pour la vue, nous pouvons focaliser notre écoute sur ce qui nous intéresse ou inconsciemment sur ce que nous attendons).

Soit l'introduction de *Fenêtre sur cour* de Hitchcock : après le triple lever de rideau (trois stores obturant la fenêtre panoramique du héros), la caméra (une *audience camera*) commence à balayer la cour et la façade, sur la musique gershwinienne (style « *talk of the town* ») de Franz Waxman, musique explicitement *off*, extra-diégétique, qui accompagne tout ce prologue. Au moment où la caméra accroche et suit un chat, on entend un miaulement ; puis un accent de jazz dont on ne sait trop s'il provient d'une fenêtre ouverte ou de la partition *off* ; après être passé par-dessus la tête en sueur de James Stewart endormi et avoir enregistré 34° au thermomètre, en même temps que la musique *off* stoppe, la caméra nous montre, derrière une baie vitrée, un homme qui se rase au son d'une radio débitant de la pub qu'il va aussitôt faire taire ; le son d'un réveil matin prend le relais (alors que reprend la musique off) et nous découvrons un vieux couple dormant tête bêche sur son balcon ; la musique prend des accents afro-cubains quand la caméra épie Miss

Torso dansant en préparant le café ; poursuivant son *travelling* vers la gauche, la caméra révèle un bruit de camion et les cris de la rue visible par une fente entre deux immeubles... puis revient à travers la fenêtre chez et sur Jeffries endormi, musique off et vague bruit de fond de circulation lui fournissant un matelas. Sur cette séquence de trois minutes, on mesure bien la sélection apparemment naturelle et le mélange entièrement artificiel de sons *in situ* et de musique par-dessus, de bruits ponctuels (pointant l'oreille sur tel ou tel) et de sons ambiants.

À l'écran, tantôt nous (S) voyons les personnages, tantôt nous voyons avec eux, tantôt à travers eux, tantôt sans eux, et de même, plus subrepticement, nous (S) entendons à la fois comme eux et plus qu'eux. Au cinéma, le son, encore plus que l'image, joue en permanence (et de façon évidemment invisible) de la dialectique et du mélange bien dosé entre extérieur et intérieur, ambiance générale de la scène audible et ouïe individuelle, orientée, assignable à l'un ou l'autre protagoniste. Par les multiples pistes du bien nommé mixage, le son ajoute ainsi aux ramifications et chassés-croisés du « nous » qui regarde et entend, voit et vit le film. Comme l'a bien dit Michel Chion, le son c'est ce qui cherche son lieu à travers les images. Nous ajouterons : et qui dilate le corps du spectateur à travers l'espace ouvert par l'image – ainsi le moteur du bus fendant la plaine et le silence désertiques pour déposer un Cary Grant minuscule au beau milieu de ce rien (*La Mort aux trousses*) – ou à l'inverse nous (S) fait focaliser ici ou là dans l'image en nous tirant par l'oreille, tel le cri du poissonnier dans *Mon oncle* de Tati, attirant notre attention sur son étal à travers le foisonnement général du marché.

11 *Vues objectives et visions subjectives... ou l'inverse ?*

Des vues objectives et des visions subjectives : cette distinction/combinaison binaire ne convient pas à l'analyse, dans la mesure où – on l'a constaté – voir et visible se réciproquent, vue et vision se mélangent, que donc, plus qu'une opposition ou juxtaposition de « vues » et de « visions » comme éléments objectifs et subjectifs distincts, le film est le produit de leurs coalescences, interférences, commutations. Et plus d'un filmeur se plaît à confondre l'objectif et le subjectif, le réel et le fantasme, pour confondre le spectateur (Polanski par exemple). Ce n'est pas là seulement jeu pervers ou spectaculaire de la part du Filmeur, c'est une pénétration et exposition à l'écran d'une dimension profonde de notre psychologie (contredisant la partition cartésienne intérieur/extérieur), sur laquelle maître Hitchcock brode toutes ses ingénieuses variations. Comme le dit Cavell dans *La Projection du monde* : « C'est se faire une piètre idée du fantasme que de se figurer que c'est un monde coupé de la réalité, un monde qui exhibe clairement son irréalité. Le fantasme est précisément ce avec quoi la réalité peut se confondre. C'est par le fantasme qu'est posée notre conviction de la valeur de la réalité; renoncer à nos fantasmes serait renoncer à notre contact avec le monde » (Cavell, 1999 : 124).

Sous cet éclairage, la question clef, qui est au cœur de bien des films – et que Cavell, analyste de Wittgenstein et du cinéma hollywoodien, a mûrement réfléchie – c'est la question du scepticisme, telle que Cavell l'a reformulée, comme scepticisme non pas épistémique mais existentiel : comment trouver ma « voix » (cf. « La négation de la voix dans *Hantise* », film de Cukor façon Hitchcock, in Cavell, 2012), comment m'assurer (me rassurer) de mes impressions et du monde autour ? Comment avoir (ou perdre) confiance en soi et en l'autre ? Et cette ombre du doute frappe autant le spectateur devant l'écran que les héros dans le champ. Ces visions subjectives prêtées momentanément au spectateur par un personnage ou du moins par la caméra partageant le point de vue de tel personnage, relèvent-elles d'une vision « objective » de la réalité ou du fantasme du personnage, fantasme que le spectateur observe et/ou partage ? Le spectateur n'est-il pas amené, avec sa propre fantasmatique, à s'imaginer des choses en compagnie ou à propos des personnages ? Vois-je (S) de mes propres yeux ou par la vision (juste ou déformée) d'un autre ? C'est ce ressort diabolique du doute conjugué entre personnage et spectateur, que met si merveilleusement en scène *Suspicion* (*Soupçons*) de Hitchcock : « l'ai-je vraiment vu ? qu'ai-je vu ? comment l'interpréter ? ah ça n'était que ça, une ombre au tableau, que vais-je imaginer ! Oh mais si, c'est affreux, c'est bien ça ! » se demandent en cascade l'héroïne et le spectateur pris dans le même jeu de yoyo bipolaire. Johnny (Cary Grant) veut-il vraiment assassiner Lina (Joan Fontaine) ? L'a-t-il épousée pour son argent ?

Ou s'imagine-t-elle ces menaces, ce complot (mais pour quoi d'autre le *playboy* aurait-il marié la vieille fille) ? Fantasme ou réalité, je (S) suis pris dans la même toile d'araignée et espère comme Lina que je me trompe, attendant contre toute apparence un invraisemblable *happy end*... que Hitchcock finit par nous offrir. Mais n'est-ce pas un demi-tour faussement rassurant laissant encore soupçonner le crime à venir... hors champ, dans un suspense définitif, après le mot FIN ? « L'heureuse » issue matrimoniale du film, ce « *Let's go home* » ironique, ne menace-t-il pas autant les couples spectateurs tout près de rentrer chez eux ! Le malin génie de *Soupçons*, c'est que le film peut se lire comme un de ces fameux dessins d'Escher qui, suivant l'accommodation de notre regard, nous montre des oiseaux blancs sur fond noir ou l'inverse. Et Hitchcock se plaît à nous (S) perdre, avec son héroïne, dans un méchant jeu de piste « où le vilain mari tue le prince charmant », inquiétant labyrinthe où Ariane-Lina a complètement perdu le fil et entraîne le spectateur possédé dans une tourmente de signes et de présages réversibles, tantôt maléfiques (« il me tue »), tantôt bénéfiques (« il m'aime »). La diablerie hitchcockienne est d'accumuler des preuves de l'un qui se retournent bientôt en preuves de l'autre.

Tel est le ressort du suspens au sens propre, cette indétermination, ce doute dévorant qui provoque l'angoisse et les délices du spectateur, livré à une vision dont il ne sait plus si elle est la sienne, celle de Hitchcock, objective (sans point de vue particulier) ou subjective d'un personnage ou encore subjective de lui seul, le spectateur, qui se fait des idées (fausses peut-être)... comme la malheureuse Lina. Dès leur première rencontre là-haut sur la colline (figure récurrente chez Hitchcock, dans laquelle Alain Bergala voit malicieusement l'image d'Adam et Ève chassés du paradis – Bergala, 2000), Johnny cherche-t-il à embrasser « *monkey face* » ou à l'étrangler ? Équivoque trouble et violente, vue de loin par bourrasque mais vue de ce qui semble bien un rapt tout de même... que vient contredire le raccord rapproché sur Johnny se jouant de Lina et se moquant d'elle parce qu'elle aurait cru qu'il voulait l'embrasser ! Dès la troisième séquence (et septième minute du film), on ne sait déjà plus sur quel pied danser ! Hitchcock, c'est connu, n'a-t-il pas constamment « dénoncé » et filmé les scènes d'amour comme des scènes de meurtre, et *vice versa*.

12 Suspicion : *réalité ou fantasme ?*

Parmi tous les joyaux émaillant ce chef-d'œuvre, citons une scène exemplaire, située à exactement une heure du début, soit aux deux-tiers du film, moment de bascule de bien des films de Hitchcock. Lina, persuadée que son mari Johnny vient d'éliminer son vieil ami et associé Bickey en le précipitant de la falaise, regagne son domicile. Il fait beau. Elle arrête sa décapotable devant la porte d'entrée et, au moment où elle avance sur le perron, la maison se voit plongée dans l'ombre, comme par l'effet d'un nuage maléfique. La caméra attend Lina derrière la porte qu'elle franchit, et la suit en *travelling* arrière, au fur et à mesure que Lina avance, saisie dans la toile d'araignée que dessine l'ombre de la verrière sur les murs. On entend quelqu'un siffler une valse de Strauss (« La Veuve joyeuse » sera l'air emblématique du tueur de ces dames dans *L'Ombre d'un doute* deux ans plus tard). Lina ferme les yeux horrifiée et reprend sa progression jusqu'à la porte du salon. Contrechamp : un homme est assis de dos, la tête dans le meuble radio ; on reconnaît furtivement Johnny sifflotant. Il s'adresse à quelqu'un hors champ à droite, lui disant de brancher l'appareil. Lina tourne la tête dans cette direction et voit (comme nous) Bickey qui branche la prise et rejoint son ami Johnny. Le visage de Lina se métamorphose, s'éclaire, la valse s'élance sur le tourne-disque en même temps que Lina fait son entrée dans la pièce qui s'illumine vivement, comme si un rideau se levait, alors que Lina enlève son manteau noir découvrant un tailleur clair. Elle se jette au cou de son mari, absolument soulagée, sous le regard amical de Bickey… qui révèle alors « qu'il a failli y rester ». Retour de bâton du soupçon : Lina se détourne de son mari, revient au premier plan, en plein désarroi. Bickey narre comment sa voiture a manqué de verser dans le ravin… et comment Johnny lui a sauvé la vie en sautant à bord et tirant le frein à main. Nous (S) voilà à nouveau retournés comme Lina, soulagés de cet heureux dénouement (provisoire), mais captifs de cet épuisant (et fascinant) mouvement pendulaire, comme linge en essoreuse, d'autant qu'à la fin de la scène, Bickey persuade son ami Johnny de l'accompagner dans un voyage d'affaires, où, nous l'apprendrons bientôt, Bickey va perdre la vie « accidentellement »…

Hormis pendant l'intermède de la chasse à courre (deuxième scène du film) vue du point de vue de Johnny, Lina est au centre de toutes les scènes et le spectateur se trouve en permanence à ses côtés, si bien qu'il partage (davantage qu'il n'observe) sa vision des choses, ses « découvertes », ses imaginations et présomptions, sans plus savoir ce qu'il y a là de subjectif ou d'objectif, de réaliste ou de paranoïaque, faute de comparaison. Partageant les doutes de Lina, nous (S) oublions les nôtres, et nous nous trouvons précipités dans ses acmés paranoïaques lors de la partie de scrabble, du dîner chez l'auteure de romans criminels et du retour à la maison vécue comme lieu du crime (de son propre assassinat imminent). Il est vrai que le film, tel qu'il a été tourné – Hitchcock multiplie les signes inquiétants autour de Lina, Cary Grant confère à Johnny des comportements ambigus tout aussi malaisants que drôles – aurait aussi bien pu se terminer par l'empoisonnement de Lina (le fameux verre de lait luminescent montant l'escalier porté par un Johnny drapé d'ombre). D'autant que dans le roman original (*Before the facts,* de Frances Iles) dont est tiré le film, Johnny assassine vraiment sa femme (qui le laisse faire par amour). Le coup de génie de Hitchcock tient à la duplicité subtile de son envoûtant dispositif filmique : le spectateur se voit plongé dans le même trouble, le même état d'esprit paranoïaque que Lina, sans jamais parvenir à décider si ses soupçons sont fondés, s'ils sont les siens, ceux distillés (objectivement) par Maître Hitchcock ou ceux fantasmés (subjectivement) par Lina. Et bien sûr, si Johnny tuait Lina à la fin, on ne parlerait plus de fantasme ni de paranoïa ni même de soupçon, mais d'intuition, de déduction et de savoir ; et ce ne serait plus alors, comme le remarque Truffaut, qu'un film noir. Bien plus fort, ce que Hitchcock nous met sous les yeux avec ce film unique, qui pourrait admettre aussi bien une fin meurtrière que son *happy end* forcé, c'est la réversibilité des signes et du sens en fonction des conséquences. L'arrivée (ou non) de tel ou tel événement peut transformer rétrospectivement la chaîne des signifiants. L'empire des signes, où les humains s'agitent, est cousu du fil blanc de la raison, de la logique, de la confiance, et du fil noir de la mélancolie, de la paranoïa, du crime. Mais, endroit et envers, c'est la même toile... Pour le coup, la fin précipitée (au bord du précipice) levant les doutes sur Johnny et tournant au *happy end* amoureux (« *let's go home !* »), laisse le spectateur en suspens, comme si quelqu'un avait mis l'essoreuse sur pause mais sans arrêter le programme…

13 *Caméra(s) subjective(s) : la subjectivité de qui ?*

> Le traitement subjectif, c'est le gros plan d'une personne puis de ce qu'elle voit. Je m'en sers beaucoup, il y a une quantité phénoménale de traitement subjectif dans mes films. Je place la caméra, je fais un gros plan de la personne et puis de ce qu'elles voient, elle et la caméra. *Rear Window*, c'est du pur traitement subjectif : ce que voit James Stewart, tout le temps ; et comment il y réagit. […] Dans le traitement subjectif, vous comprenez, c'est une chose vitale, la réaction. (Hitchcock, 2012 : 289, 294)

Au sens le plus courant, la « caméra subjective » est censée nous (S) faire voir par les yeux de tel personnage. Nous voyons Lina entrer, puis nous voyons (en caméra subjective) ce qu'elle voit dans la pièce. Nous voyons James Stewart avancer dans une rue de Londres où se cachent, croit-il, les ravisseurs de son fils (*L'Homme qui en savait trop*) ; raccord en caméra subjective sur ce que voit Stewart progressant anxieusement dans cette impasse. La caméra opère une « ocularisation », elle se met à la place des yeux du personnage incarné par Joan Fontaine ou James Stewart, et le spectateur endosse ce regard comme s'il était lui-même ce personnage (nous examinons plus loin les paradoxes d'un tel « endossement »). Cependant l'expression « caméra subjective » est sujette à caution, et appelle distinctions et extensions.

1) Subjective personnage et semi-subjective

D'abord il existe plusieurs variantes de la caméra subjective censée incarner le regard d'un personnage. Outre la subjective personnage dont on vient d'examiner ci-dessus deux incarnations, il y a la semi-subjective, qui nous fait voir avec le personnage (plutôt qu'à travers ses yeux), par-dessus son épaule ou sa nuque en amorce. Pour le dire vulgairement, la caméra lui colle aux basques, notre visée (S) se retrouve dans son dos et son axe, ou perchée comme le perroquet sur l'épaule du pirate dans *L'Île au trésor*. Nous (S) sommes accolés, associés à son corps voyant, à la différence de la caméra subjective qui superpose et substitue carrément notre regard au sien.

Autre forme de caméra subjective, fortement vectorisée dans l'axe sagittal : ce qu'on peut appeler « l'œil-caméra ». Le héros étant un filmeur (*Peeping Tom*, de Michael Powell, *David Holzman* de Jim MacBride, ou Raymond Depardon dans *Empty Quarter* et bien sûr le photographe Jeffries, dans *Fenêtre sur cour*, qui regarde chez ses voisins à coups de télé-objectif), nous spectateurs voyons, non pas directement par ses yeux, mais à travers son objectif plus ou moins prédateur. Cet artifice estompe l'écart irréductible et vite visible entre vision humaine et vision machine. Pour mesurer tout le ridicule qu'il y a à dénier cet écart, à faire semblant que la caméra voit comme nous, il suffit de voir *La Dame du lac* de Robert Montgomery, filmé entièrement en caméra subjective, la caméra prétendant incarner le détective en personne : prises de vues façon jeu vidéo réduites au panoramique et au *travelling* sans contrechamp ni montage alterné, déplacements mécaniques du « regard », personnages s'adressant à la caméra-détective comme s'ils présentaient le Journal télévisé, malheureuses comédiennes amenées à embrasser l'objectif d'une caméra qui ressemble à l'époque à un buffet Henri II ! Faut-il rappeler qu'une caméra ne voit pas le monde comme nous et que, contrairement à une fausse évidence, la gageure du cinéma est bien celle que souligne Robert Bresson, dans ses *Notes sur le cinématographe* : « Comment faire voir ce que tu vois par l'entremise d'un appareil qui ne le voit pas comme tu le vois »... (même si en contrepartie cette vision autre de l'appareil peut réserver d'heureuses surprises).

2) Contrechamp ou *travelling* : les liaisons dangereuses

Pénétrer la subjectivité de quelqu'un, ce n'est pas simplement endosser son regard, adopter son point de vue oculaire ; c'est plutôt se représenter ce qu'il pense ou croit. Ainsi la plupart du temps, les souvenirs en *flash-back* d'un personnage ne sont pas filmés en « caméra subjective », ils ne donnent pas sa vision au sens optique mais, comme dans nos rêves, une représentation de la scène à laquelle il participe. Pour comprendre ou partager la vision et les sentiments d'un personnage, l'expression de son visage (en contrechamp) nous (S) en dira souvent plus que l'adoption de sa vision oculaire.

Hitchcock, comme tous les grands du *thriller*, n'utilise la caméra subjective personnage qu'associée à son contrechamp visage (« la réaction »). *Fenêtre sur cour* ainsi que la première partie de *Vertigo*, dont le héros est joué par le même James Stewart, sont entièrement construits sur ce principe du champ/contrechamp, regard désirant/objet désiré (en version statique-sadique dans *Fenêtre sur cour*, et auto-maso dans *Vertigo*), si bien qu'on est en droit de se demander si le contrechamp visage ne serait pas plus porteur de la subjectivité du personnage que la caméra dite subjective.

Pour partager et/ou observer une subjectivité complète à l'écran, il faut (sa)voir autant qui regarde que ce qu'il regarde, c'est-à-dire embrasser les deux moitiés complémentaires d'une vision : un voyant et sa vue, un visage/un regard, un champ/contrechamp – mais cela peut aussi se faire en un seul plan en *travelling* allant du voyeur à ce qu'il voit (ou l'inverse), comme au début du *Grand Alibi*, lorsque Jonathan Cooper (Richard Todd) fait le récit en *flash-back* de son arrivée sur le lieu du crime, commis, selon ses dires, par sa maîtresse, Marlene Dietrich. Gros plan profil gauche de Jonathan ouvrant la porte de la chambre (à 00 h 05 min 38 s) et regardant hébété ; *travelling*-panoramique gauche suivant son regard balayant la pièce et découvrant le tisonnier sur le tapis et plus loin le cadavre du mari couché au pied de la penderie ; *cut*, retour sur le visage de Jonathan qui se décide, suivi par un deuxième *travelling* gauche l'incluant désormais, à aller replacer le tisonnier puis à marcher jusqu'à la penderie dont il ouvre péniblement la porte obstruée par le cadavre (qu'on entend rouler hors champ !) ; Jonathan finit par extraire la robe réclamée par sa maîtresse... (le tout en une minute). Soulignons l'audace et le brio de la mise en scène hitchcockienne : le premier *travelling* est une projection du regard de Jo, une découverte partagée avec le spectateur dans la mesure où la caméra associe notre regard (S) à celui de Jo, non pas en les superposant en droite ligne comme le ferait une caméra subjective, mais en les faisant paradoxalement converger à partir d'un angle droit qui va s'amenuisant ! Et ça marche, si bien qu'il nous faut admettre qu'au cours d'un même mouvement de *travelling*/panoramique la caméra passe de l'observation objective du regardeur au partage subjectif de son regard par le spectateur ! Après quoi, la caméra recommence le même mouvement, cette fois en incluant et suivant l'acteur en mouvement, comme si son corps entrait dans son propre champ de vision pour agir ! Hitchcock réussit la performance de redoubler la sensation de dédoublement du spectateur par celle du personnage.

Même triangulation convergente et subjective entre regard du héros et regard du spectateur sur un objet (de désir) commun dans *Vertigo*, traduisant cette fois un transport amoureux plutôt que mortifère, et de façon encore plus surprenante et spectaculaire que dans *Le Grand Alibi*. Le détective Scottie (James Stewart) vient d'accepter de filer Madeleine à la demande de son mari. Une *audience camera* nous (S) introduit dans le restaurant chic Ernie's, à travers des portes à vitrail façon église, annonçant religieusement ce qui menace de nous arriver : l'adoration d'une icône. Nous retrouvons Scottie au bar, en costume bleu nuit. Il se tourne pour chercher du regard dans la salle la table où se tient Madeleine. Au lieu d'adopter une caméra subjective filmant du point de vue de Scottie, la caméra de Hitchcock part de Scottie scrutant de son tabouret de bar, se met à reculer longuement en diagonale comme si elle venait chercher le spectateur dans son fauteuil, pour ensuite nous propulser en un lent *travelling* avant à travers la salle (accompagné par le *Liebenstodt* wagnérien orchestré par Hermann), jusqu'à la table où trône la blonde Madeleine (robe décolletée noire, étole émeraude se détachant sur les tentures cramoisies) et faire ainsi converger le regard du spectateur, porté par ce double *travelling* sidérant, avec la vision fascinée (et perpendiculaire !) de Scottie. Par ce mouvement triangulaire surréaliste, notre (S) regard s'est accolé et comme substitué à celui de Scottie, et nous subissons le coup de foudre à sa place, en même temps que lui de sa place. Ajoutons, pour achever l'évocation de cette scène mémorable, qu'au moment où Madeleine s'approche du bar pour sortir, Scottie lui tourne le dos et elle ignore sa présence : les champs/contrechamps entre leurs deux têtes (si proches dans l'incognito) se font dans un jeu de rotations et de raccords aveugles entre leurs profils et leurs nuques qui, mieux que n'importe quel échange de regards, dit qu'elle lui tourne la tête, qu'elle lui entre dans la tête, qu'il perd la tête, « qu'il l'a dans le dos », possédé non par une femme en chair et en os mais par un fantasme, une icône, un fantôme (Madeleine ne va-t-elle pas se révéler une sorte de morte vivante ?). L'amour sorcier en vert, couleur de mort, sur rouge, couleur de sang.

2 bis) Entre-deux

Ces étonnants exemples en disent long sur l'élasticité psychologique de notre vision dans son rapport à soi et à autrui, vision qui peut aller jusqu'à épouser une bissectrice pour confondre mon regard et le vôtre sur un même objet. C'est d'ailleurs ce que fait de façon ordinaire, moins spectaculaire, l'habituel champ/contrechamp sur deux personnages conversant : chacun nous (S) apparaît à l'écran au regard de l'autre ; mais si la caméra se mettait réellement à la place de Cary Grant pour regarder Ingrid Bergman et *vice versa*, nous aurions frontalement l'un puis l'autre face à nous (S), façon *speaker* du Journal télévisé ! C'est pourquoi usuellement la caméra adopte un axe médian, **un biais**, entre la position du personnage regardant et celle du spectateur, de façon à associer leurs deux regards sur l'autre personnage. Ainsi voyons-nous Ingrid Bergman **avec** le regard de Cary Grant, **non pas à travers** son regard mais en sa compagnie, et *vice versa*. De même, le regardé rend son regard au regardant non pas directement dans l'objectif mais de biais. Le spectateur est régulièrement placé dans cet entre-deux pour suivre les dialogues à l'écran, et partager son regard successivement avec celui de l'un puis de l'autre. C'est finalement le même procédé de triangulation qu'applique Hitchcock dans les deux exemples ci-dessus, mais en le transposant audacieusement en un seul plan, enchaînant par un *travelling*-panoramique époustouflant le regardeur, le spectateur et l'objet visé.

Comme l'a bien dit Merleau-Ponty, la relation que constitue le voir n'est pas une simple juxtaposition : qui regarde + ce qu'il voit ; c'est une conjonction avec commutation du subjectif et de l'objectif, du voyant et du vu. La justesse de cette considération ressort du langage ordinaire : la notion de « regard » peut désigner ce que donne à voir la visée, ce sur quoi porte le regard, ou bien à l'opposé l'expression des yeux dans un visage. Ainsi selon le couple ou l'opposition qu'on formera, le sens du « regard » pourra basculer dans un sens ou dans l'autre. Regard/visage, ou bien, regard/vision : dans le premier couple, « regard » évoque plutôt ce qui est regardé par le visage montré ensuite en contrechamp ; dans le second cas, on pense au contraire à l'expression des yeux dans un visage, suivie de ce qu'ils voient. La notion cinématographique de « contrechamp » offre justement la même souplesse et réciprocité.

Un contrechamp est l'inverse d'un champ, la caméra filme le visage d'un personnage qui regarde, puis le paysage qui lui fait face, ou bien l'inverse ; l'inversion est toujours relative, elle ne dit pas qui doit apparaître en premier, du paysage ou du visage. Tout dépend par quoi on commence : visage ou paysage, ce sera le champ ; et l'inverse complémentaire qui s'ensuit, paysage ou visage, sera le contrechamp. Évidemment l'interaction rebondit quand il s'agit de deux personnes se regardant mutuellement, comme analysé ci-dessus.

3) Subjective indéterminée

Il existe une modalité de la caméra subjective spécialement inquiétante, et d'ailleurs chérie des films d'horreur et autres *thrillers* : la subjective indéterminée. Une sorte de 3e œil, esprit malin ou du malin, dont le regard se fait sentir par des mouvements de caméra marqués qui semblent non plus donner à voir mais menacer les personnages. Comme un œil en plus ou en trop dans la scène, que le spectateur ne sait à qui attribuer, cet intrus voyeur et immatériel fait s'écrier au spectateur à part soi : « Qui est là ? Diable, par les yeux de qui vois-je ? » Un tel regard épiant, pervers et persécutant habite le repère (l'heureux père !) de *Peeping Tom* (le plus hitchcockien des films de Michael Powell). Cet esprit malin hantant la caméra, et le spectateur derrière, peut venir s'incarner dans un contrechamp plus ou moins surprenant, horrifiant ou décevant, qui révèle un monstre, une machine de surveillance, un extra-terrestre, le diable probablement... Mais il peut aussi rester invisible, en deçà de la caméra, et d'autant plus menaçant, comme dans *La Féline* de Jacques Tourneur par exemple. Il peut enfin se dédoubler, figure remarquablement diabolique (« *diabolos* » signifiant diviser) : alors que je (S) crois voir par l'œil mobile et menaçant du malin, voilà qu'il entre en scène, en amorce de dos, comme dans son propre cadre, sous la figure du meurtrier, mais comme si la plus grande partie du mal était cependant restée derrière le cadre et continuait de l'agiter en y projetant ses maléfices (voir l'usage habile de cette figure en partie double par Carpenter dans *Halloween* ou par Fritz Lang à la fin de *House by the River*).

À la fin de *Psychose* (à 01h 25'.00.), suite à la disparition de Marion (Janet Leigh) et du détective parti à sa recherche, se voyant menacé par la venue du sheriff, Norman Bates (Tony Perkins) quitte le motel et regagne la maison mère. La caméra l'attend derrière la porte d'entrée, le suit jusqu'au bas de l'escalier avec sa rampe en Z, le regarde monter de dos en contreplongée ; arrivé sur le palier, il sort du champ par la gauche, on l'entend ouvrir la porte de la chambre (rai de lumière sur le mur) en disant : « Mère j'ai quelque chose à te dire... – Je suis désolé mon pauvre garçon (répond la voix hors champ de la mère) mais tu as l'air ridicule quand tu veux me donner des ordres... ». Pendant que la mère continue de rouspéter, la caméra, de façon surprenante et marquée, se met maintenant à monter l'escalier comme un fantôme, passe par-dessus la rampe, arrive à la porte de la chambre sans la franchir, puis monte jusqu'au plafond, pivote à 90° en plongée verticale sur le palier, pour regarder (tel le Christ Pantocrator au dôme des églises orthodoxes) Norman, écrasé par cette vue de haut, sortir de la chambre en portant sa mère et descendre l'escalier... Le même angle de vue étrange et écrasant (et permettant de dissimuler la véritable identité de la mère) avait été utilisé, huit minutes auparavant, pour saisir l'assassinat du détective dans l'escalier par la mère de Norman. Par cette prise de position « impossible » et ce mouvement ostensible, la caméra fortement subjectivée endosse l'esprit du mal hantant la maison et, comme un balai de sorcière, porte le spectateur aux nues, version diabolique de l'*audience camera* !

4) *Audience camera*

« Caméra subjective » n'est donc pas forcément synonyme du seul regard d'un personnage. Il convient d'élucider quelle subjectivité traduit, endosse et peut faire endosser au spectateur la caméra, suivant les circonstances. Celle d'un personnage, on l'a vu, mais ça ne s'arrête pas là. La caméra peut aussi, dans le cadre du documentaire, adresser le regard subjectif du filmeur réel au spectateur, qui aura à l'échanger avec le sien et ainsi à en juger (figure de « l'adresse » que nous analyserons plus loin). La caméra peut également, nous l'avons vu à plusieurs reprises, se faire transport magique de la subjectivité du spectateur identifié directement au narrateur fictionnel. Cette *audience camera*, selon l'expression forgée par Orson Welles, désigne la caméra omnipotente et omnivoyante capable de nous (S) transporter au-delà des « défense d'entrer », de passer par le toit quand le personnage prend l'escalier, de traverser la porte de la chambre forte pour lire un manuscrit par-dessus l'épaule de l'enquêteur, de monter dans les cintres alors que la cantatrice attaque son grand air d'opéra, de survoler les reliques de Kane et révéler le secret du *Rosebud* à nous seuls spectateurs, dans le dos des personnages qui n'en sauront rien. *L'audience camera* opère une énonciation marquée, elle rend visible l'exercice de sa toute puissante visée en même qu'elle en exhibe la cible, elle intime aux spectateurs : « voyez ! », comme on disait autrefois « oyez braves gens ! ». Emportant le spectateur sur un tapis volant, elle le ravit et lui révèle des secrets à l'insu des personnages. Au vu des mouvements ostensibles d'appareil et de l'exercice affiché d'une telle vision démiurgique, on est effectivement tenté de parler de caméra subjective, mais c'est bien de la subjectivité du spectateur identifiée directement à la vision du créateur qu'il s'agit, et non d'une subjective personnage. D'ailleurs, *l'audience camera* de *Citizen Kane* efface sans cesse le personnage du journaliste pour mener l'enquête par-dessus sa tête et bien au-delà de lui. Après quelques essais amusants (Ishaghpour, 2001 : 615 à 620), Welles eut vite fait de comprendre, dès son premier film, à la différence de Robert Montgomery, que le récit à travers l'œil d'une caméra soi-disant subjective-détective, était impossible et ridicule, et il eut l'idée de lui substituer cette fameuse et spectaculaire *audience camera*, œil magique, invisible et omnivoyant, du conteur et du spectateur à la fois.

On en trouve un avatar tout aussi remarquable chez Hitchcock, dans l'ouverture de *Fenêtre sur cour*, dont nous avons déjà analysé la composition sonore. Après les rideaux, la caméra volante ouvre spectaculairement le bal en nous (S) projetant dans la cour, balayant les façades, regardant par les fenêtres, écoutant chez les uns et les autres, puis revenant par-dessus la tête en sueur du héros encore endormi nous montrer qu'il a très chaud (thermomètre à 34°), qu'il a la jambe dans le plâtre, qu'il est photographe et que son appareil broyé, à côté de la photo encadrée d'une voiture de course en vol plané, témoigne vraisemblablement de son accident, alors qu'une cover-girl tout sourire sur une pile de magazines nous indique qu'il est aussi photographe de mode (annonçant la venue tant attendue, par le spectateur encore plus que par Jeffries, de Grace Kelly), fondu ! Premier fondu au noir de toute une série qui, à la façon de clignements d'yeux, va scander le film et lui conférer l'onirisme malaisant d'un demi-sommeil plombé par grosse chaleur… La scène matinale suivante entame le jeu de ping-pong entre Jeffries plâtré regardant par la fenêtre, et ce qu'il voit, version hitchcockienne du fameux effet Koulechov qui nous fait lire l'expression du visage en fonction de ce qu'il a vu, ou de ce que nous (S) croyons qu'il a vu.

En conclusion, dira-t-on que la caméra subjective est la moitié interne d'une subjectivité dont le contrechamp, le visage regardant, est l'aspect externe ? Ou dira-t-on inversement que le visage qui porte le regard est l'aspect subjectif, et le contre-champ nous montrant ce qu'il regarde (sa visée) la moitié objective ? Perplexité, suspense ! On en revient à la formule de Lapoujade : nous (spectateurs) partageons subjectivement la vision du monde d'une conscience en même temps que nous voyons objectivement l'image qu'une conscience se fait du monde. Dans *Le Faux Coupable*, (film « quasi documentaire » traduisant la peur qu'a son auteur de la police et de l'emprisonnement arbitraire !), Hitchcock veut montrer le vertige qui saisit l'innocent Manny Balestrero (Henry Fonda) lorsqu'il est précipité en prison pour un délit qu'il n'a pas commis. La scène (à 40 minutes du début) commence par trois champs/contrechamps : plan face de Manny qui regarde et marche vers la geôle, contrechamp en *travelling* avant subjectif dans le corridor de la prison. Suit un raccord à 90° en plan profil de Manny devant les grilles (trompette jazzy façon film noir), Manny pénètre dans la cellule, la grille se referme sur son visage retourné. Contrechamp à 180° de l'intérieur de la cellule, Manny de dos devant la grille. Il se retourne regarde le banc (*insert* du banc), s'assoit, regarde le lavabo (*insert*), l'angle du plafond menaçant (*insert*)... Intermède sur sa famille inquiète. Retour à la prison par les pieds de Manny. Montage alterné entre ses pieds qui tournent en rond et son visage tourmenté (retournant cette incompréhensible arrestation dans sa tête). Il regarde ses mains, serre les poings. Plan buste, tête contre le mur, visage dans l'ombre des barreaux, il ferme les yeux... une rotation décentrée saisit l'image et la tête de Manny, s'accélérant avec crescendo musical jusqu'à un fondu au noir ! Au lieu de traduire le vertige de Manny par une caméra subjective, qui aurait montré la cellule tourner, Hitchcock a audacieusement choisi l'inverse : faire tourner la tête de Manny à l'écran. Au lieu de nous (S) plonger dans une vision (supposée) intérieure de Manny, Hitchcock, avec son malin génie, a décidé de filmer à la lettre l'expression : il a la tête qui tourne ! Transfert réussi du subjectif à l'objectif !

14 Quel est le paradoxe de la caméra subjective ?

> Je sais que le monde existe. Que je suis en lui comme mon œil est dans son champ visuel. (Wittgenstein, 1997 : 139)
>
> Je sais qu'il y a des choses hors des limites de mon champ visuel mais je ne puis voir ces limites. (Bouveresse, 1976 : 191)

La caméra subjective est censée me faire voir, moi spectateur S, par les yeux de tel personnage P. Le paradoxe est double dans la mesure où :

1) La caméra ne voit pas le monde comme le voit un regard humain (question 13, § 1).

2) Si je (S) vois *via* l'écran à travers le regard dit subjectif de tel personnage, je ne vois certes pas mon propre regard comme subjectif, pour la simple raison que je ne le vois pas du tout : je suis ce regard. Je vois ce que je vois tout bonnement : objets, décors et gens qui me font face, m'environnent, me touchent ou me menacent, et tout cela me semble objectif, disons plutôt immédiat, ni objectif ni subjectif mais simplement là comme un champ de forces m'incluant, orienté et chargé par mes soucis et intentions. Voir est bien cette coprésence réciproque du voyant et du visible. Sauf que « ce diable de cinéma » (pour reprendre l'expression d'Epstein) a inventé la coprésence différée grâce à laquelle le spectateur se trouve « voir le monde en son absence » et échanger ses regards avec ceux de gens qu'il n'a jamais vus, souvent disparus mais pourtant si vite familiers. Cet aspect fantomatique du cinéma est tout aussi prégnant que son effet de présence (culminant dans le film d'action). Le slogan réjouissant : « le cinéma, c'est la vie » ne dit qu'une demi vérité, car l'écran est hanté par l'ombre de notre disparition, l'ombre d'un monde (passé et futur) où nous ne sommes pas ou plus. Jouer de ce flottement des images entre présence et absence, persistance et disparition, est une qualité première des bons films, qui a fait dire à Godard : « Seuls les mauvais films sont au présent. »

Ce qu'on appelle caméra subjective-personnage vaut pour le processus déjà dit : le spectateur endosse le regard dit subjectif d'un protagoniste, qui est censé voir de ses propres yeux ce que le spectateur voit en même temps… sachant cependant que le personnage, lui, ne saurait voir l'exercice subjectif de son propre regard comme tel ! Le qualificatif de « subjectif » ne s'applique qu'en raison de cet écart et de ce redoublement. L'image que je (S) vois à l'écran m'apparaît objectivement comme la projection du regard subjectif de P, qui pour P n'a rien de subjectif. Car, sauf par la magie du cinéma justement, personne ne partage, ne peut donner à voir son regard ni son champ de vision (qui d'ailleurs, remarque Wittgenstein, ne m'appartient pas comme un objet ; je peux cependant vous inviter à entrer dans mes vues !). *Via* l'écran, je (S) partage le regard de P, je vois comme lui et par lui, mais mon propre regard de spectateur je ne vous le prête pas, pas plus que l'acteur jouant P ne me prête réellement le sien, c'est la caméra faisant semblant d'être P qui offre son optique en partage !

Le spectateur voit objectivement la vision dite subjective de P, qui pour P est aussi objective que celle du spectateur pour soi. On peut objecter, ou plutôt ajouter, que P étant une fiction, son regard est tout aussi fictif et que c'est par ce biais (cet artifice technique) qu'on peut justement le donner en partage au spectateur, ce qui constitue une des règles du jeu (et de joie) du spectacle cinématographique ! Dans la réalité, personne ne dit « je vois subjectivement que » ou « de mes propres yeux subjectifs » ou « je lui ai adressé un regard subjectif »... La vision subjective de P, la caméra subjective-personnage, ne sont dits « subjectifs » qu'aux yeux du spectateur, car aux yeux de P lui-même ça n'a pas plus de sens que de dire au spectateur : tu vois ton regard subjectif sur le film ! Comme tout un chacun, le spectateur voit le film et voilà, même si cette vision peut être dûment qualifiée de partisane, attentive, distraite, apeurée, pleine de félicité ou d'appréhension... elle ne saurait être dite subjective par et pour le sujet soi-même.

Le fait que l'emploi de « subjectif » ne soit justifié qu'en raison de cet écart et de ce redoublement qui me donnent à moi S l'illusion de voir comme P, se trouve totalement confirmé par le recours à l'indispensable complément de la caméra subjective : le contre-champ sur le visage de P regardant (« la réaction » selon Hitchcock). C'est la seule façon qu'a le spectateur de voir, comprendre, vivre les réactions affectives et effectives de P à ce qu'il vient de voir. Rappelons que la vision de P rendue à l'écran n'est pas la vision réelle de l'acteur jouant P, mais la représentation fictionnelle du regard de P à l'usage du regard de S se prenant pour P dans le monde filmé.

15 *Une vision sans sujet ?*

En toute logique, les vues dites objectives ne peuvent l'être absolument au sens où tout sujet, tout point de vue s'en absenterait (idéal auquel prétend l'actualité TV). Aussi neutre et descriptive soit-elle, une prise de vues est forcément agencée par quelqu'un et lestée d'un minimum de conventions et de choix techniques et esthétiques, donc éthiques (au cinéma, la morale est bien une question de *travelling*... et de montage). Les prises de vues objectives, au sens non pas de la télévision mais de la narratologie (focalisation zéro, énonciation masquée) sont de deux sortes : les plans descriptifs qui plantent le décor, le paysage, le milieu (plans d'ensemble, panoramiques, *travellings* sans actant) ; et les plans fixes neutres, quel qu'en soit le sujet, qui se donnent d'évidence à notre vue comme s'ils n'étaient la vue de personne (ce qu'André Gardies nomme « énonciation masquée », que j'appelle aussi « panoptique neutre »). On comprend aisément, par cette définition, qu'il s'agit d'une convention au tournage comme dans la créance du spectateur : chacun sait que pour voir une image à l'écran, il faut bien que quelqu'un l'ait filmée, mais la modalisation dite objective implique que le filmeur l'ait tournée en effaçant au maximum toute trace d'énonciation (de tournage), et que le spectateur croie (accepte de croire) la voir comme si c'était le réel vu directement de ses propres yeux, et non une représentation composée et transposée par des jeux d'optique. Ce qui est remarquable, c'est la force d'évidence de cette convention/perception qui est à la base de la créance du spectacle cinématographique : des vues semblant se montrer toutes seules et vues par le spectateur comme si elles n'étaient pas des prises de vues (tout comme la lecture d'un roman à la 3e personne opère sans narrateur apparent).

Cette illusion « objective » suppose et entraîne ce qu'on nomme l'identification primaire, paradoxalement désincarnée et transparente, du spectateur : son champ de vision s'identifie au champ anonyme de la caméra invisible ; comme si ces images que voit le spectateur, personne ne les lui montrait. En revanche, la caméra subjective précipite une identification secondaire du spectateur au regard de tel ou tel personnage (ocularisation) : son champ de vision n'est plus « libre », extérieur, englobant, il est assigné à la position physique de tel ou tel acteur commandant le champ d'action. Remarquons que le jeu des champs/contrechamps (alternant vues sur les acteurs et vues de ce qu'ils voient) occupe, dans le spectacle cinématographique, une fonction intermédiaire entre identification primaire et identification secondaire, qu'on peut qualifier d'intersubjective. Telle est la quadrature du langage cinématographique.

16 *L'adresse du filmeur au spectateur : comment vois-tu mes images ?*

Même les vues dites « objectives » donc peuvent être empreintes d'une tonalité particulière, cadrées d'une façon qui nous fait douter de leur neutralité et les juger esthétiquement orientées (ce qui semble inévitable dans la mesure où toute représentation, même peu stylisée, suppose un point de vue choisi : il faut bien que la caméra soit quelque part !). Et il y a toute une gamme de plans qui impliquent et modulent explicitement la subjectivité du spectateur, sans passer par la focalisation d'un protagoniste : c'est directement le Filmeur qui, par le biais de l'*audience camera*, dirige notre regard spectateur au-dessus ou à travers la mêlée des événements, et nous en donne à voir plus que les protagonistes. Il y a enfin le cas, spécifique au documentaire (ou à une mise en abyme documentaire au sein d'une fiction), où c'est directement l'exercice du regard personnel du filmeur réel (non d'un narrateur fictionnel, ni d'un auteur invisible) qui nous est donné à voir, en même temps qu'il nous donne à voir ce qu'il cadre. Dans cette figure que nous nommons « adresse », le cinéaste adresse explicitement les images qu'il tourne au spectateur sur le mode de l'entrevue, de l'interlocution, du tutoiement si l'on veut : « je te montre que... ». Si elle ressemble formellement à la subjective personnage (caméra portée, recadrage, bougé, filé,...), cette adresse ne provoque pas du tout l'identification secondaire du spectateur (comme si le champ émanait de son propre regard) mais le vise au contraire dans son altérité, sur un mode dialogique (empathique et critique) : « je vois ça comme ça et toi ? » La démarche de Johan Van der Keuken (entre autres) est particulièrement emblématique de ce dispositif.

Une modalisation documentaire du même genre peut être provoquée par une voix *off* personnelle, la voix du filmeur réel ou de son substitut, qui nous (S) adresse explicitement ses images sur un mode fréquemment interrogatif ou inquiétant, amusant ou ironique, poétique en tout cas, comme chez Marker mais aussi chez Varda ou Cavalier. À l'opposé de l'anonyme et omnisciente *voice over* du *speaker* par-dessus l'image et la tête du spectateur, cette voix personnelle du Filmeur nous (S) interpelle comme une voix proche réfléchissant ses images et nous invitant à les réfléchir à notre tour. Un processus dialogique de reprise de vues supplante ainsi la fausse suffisance de l'instantané ; la médiation explicite de l'auteur questionne la soi-disant évidence immédiate des vues prises. Cette voix *off* personnelle peut être dite subjective dans la mesure où elle confère aux images une intériorité, y creuse une vision (avec ses manques comme dans *Nuit et brouillard*), mais elle ne les projette pas moins comme les vues rapportées d'un monde réellement en partage (ou à partager) avec le spectateur. Ainsi adressée au spectateur par le filmeur, l'image documentaire fonctionne, non pas comme information « universelle » sur, mais comme entre-vue interpersonnelle éclairant et questionnant de nouveaux aspects des choses. Par cette ouverture poétique intersubjective, le documentaire échappe à la catégorisation qui le voulait forcément à la 3e personne (de l'impersonnel, de l'extériorité, de l'objectif) et réservait le subjectif à la fiction. Se voit alors invalidée la sentence godardienne : « La fiction c'est moi, le documentaire c'est l'autre ».

17 *Quel est le paradoxe de la caméra objective ?*

Si je vois un film projeté, c'est bien qu'un regard préalable l'a filmé. Alors par les yeux de qui vois-je ? Contrairement à ce qui semblerait logique, un film n'a absolument pas besoin, pour être cru, de se montrer comme la projection avérée du regard de quelqu'un, comme le produit d'une caméra subjective qui justifierait par sa visée explicite ce que je (S) vois à mon tour à l'écran. Certes, comme le bon sens l'exige, il faut bien que quelqu'un ait pris ces vues naguère pour que je les voie maintenant. C'est pourtant sur l'escamotage du filmeur, son invisibilité, son déni et sur mon oubli symétrique de moi comme spectateur (tout aussi invisible que le filmeur) que reposent le bon déroulement du film et mon immersion crédule dans le monde projeté. Le spectateur doit avoir l'illusion de voir directement de ses propres yeux, tout en se sachant paradoxalement absent de la scène vue, de la même façon que le roman que je lis semble se raconter tout seul, sans moi et sans narrateur obligé. Telle est l'étonnante mise entre parenthèses qu'implique la fiction : l'omission du filmeur et symétriquement du spectateur, invité non seulement à « suspendre son incrédulité » mais à s'absenter de l'histoire à laquelle il assiste, à la vivre *in abstentia* (c'est d'ailleurs ce qui fait qu'on apprécie crime, horreur et autres catastrophes à l'écran, qu'on subirait fort différemment dans la vie !). Nous (S) voilà transformés en « pur esprit » voyeur, assistant à la scène comme si nous y étions mais désincarnés, impuissants à interagir mais omnivoyants, émotifs ectoplasmes d'un monde parallèle. C'est cette vision sans interaction – pour des raisons conventionnelles comme au théâtre mais aussi physiques, spécifiques à l'enregistrement – qui fait la singularité du spectacle cinématographique, et le différencie de la vie réelle et du jeu.

« Caméra objective » qualifie donc cette caméra qui disparaît derrière ce qu'elle montre, et absorbe le spectateur dans une vision sans sujet. On aura compris que « identification primaire », « caméra objective », « point de vue de personne » s'opposent à – et sont complétés par – toutes les formes de caméra subjective (identification secondaire) partageant les regards des protagonistes et les faisant partager au spectateur. « Point de vue de personne », on flaire bien sûr l'abus que recèle cette expression et qui nourrit films de propagande et actualités TV : la figure de style, consistant à exposer l'image en en masquant le filmage, est prise (ou plutôt vendue) pour argent comptant comme s'il n'y avait **réellement** pas de prise de vue ni de point de vue. Par ce glissement de sens subreptice, du champ de la convention (de la représentation) à celui de la réalité, c'est-à-dire de la fiction acceptée au prétendu document brut, cette tournure se voit rebaptisée « objectivité », au sens d'extériorité, neutralité, évidence, vérité sautant aux yeux ! Comme si l'instance médiatique pouvait se tenir hors jeu, hors champ, dans une extra-territorialité sans point de vue, d'où elle contemplerait de façon impartiale et distante nos agitations et passions humaines, qualifiées elles, par contre, de « subjectives », au sens de faillibles et tendancieuses. Comme si cette pseudo-objectivité exhibait le monde en soi, divine transparence ! et vu de nulle part (*nobody's point of view*) !

Qu'il s'agisse de fiction ou de documentaire, le film s'impose comme une évidence à notre vue. Mais ce qui est une feinte admissible et même convenue en fiction (le film se racontant tout seul) risque de devenir une dissimulation douteuse en documentaire : l'absence supposée de point de vue érigée en absence de parti-pris (ce qu'on pourrait assimiler à un « abus de position dominante »), alors même que le documentaire exige « esth-éthiquement » un engagement critique et un positionnement sensible du filmeur. En fiction, le doute n'est pas de mise : nous y croyons tout en sachant que « c'est pour du beurre », pour peu que le film procure l'illusion promise et admise. Alors que le doute sur la réalité des faits montrés et la vérité des propos tenus commande l'accord (ou le refus) de ma créance en documentaire, même si « nous nous faisons parfois avoir ». Témoigne suffisamment de la différence entre vérité historique et vérité dramatique, le fait que « se faire avoir » n'a aucun sens en fiction parce que justement se laisser prendre, accepter d'y croire, est la règle ! Si on ne marche pas, si on ne se fait pas avoir, on s'ennuie et on crie « remboursez ! ». On dira alors du cinéaste que c'est un faiseur, que son film est raté, non pas que c'est un menteur et qu'il s'agit d'un faux. L'application de l'adjectif « crédible » n'a pas du tout le même sens, ni les mêmes raisons, en fiction et en documentaire. Une fiction est crédible si elle nous emporte dans son monde parallèle et nous fait partager (le temps de la séance) la vie des personnages qu'elle déploie dans son cercle. Un documentaire est crédible si les faits relatés nous semblent avérés et les propos tenus pertinents, pas seulement pendant le film mais jusque dans le monde que nous allons retrouver à la sortie de la salle.

Bien sûr, et c'est heureux, la (bonne) fiction a aussi un impact (éthique) sur nos visions du monde (réel), mais de façon indirecte, métaphorique. Il convient de garder à l'esprit que, même si on peut (heureusement) les différencier, mondes fictionnels et monde réel communiquent. Comme l'explique Umberto Eco (1997a : 168) : « aucun monde narratif ne pourrait être totalement autonome du monde réel parce qu'il ne pourrait pas délimiter un état de choses maximal et consistant, en en stipulant *ex nihilo* l'entier ameublement d'individus et de propriétés. Un monde possible se superpose au monde "réel" de l'encyclopédie du lecteur (spectateur). Cette superposition est nécessaire pour des raisons d'économie mais aussi pour des raisons théoriques plus radicales. Non seulement il est impossible d'établir un monde alternatif complet, mais il est aussi impossible de décrire comme complet le monde "réel". [...] L'Univers Sémantique Global ne peut jamais être décrit de façon exhaustive parce qu'il constitue un système d'inter-relations en continuelle évolution et fondamentalement autocontradictoire. »

Fiction ou documentaire, le film s'offrant à ma vue objectivement me (S) transforme provisoirement en vision sans sujet. Je n'ai pas l'impression d'exercer mon regard ni non plus de voir à travers celui d'un autre qui pourtant se substitue au mien. Me voilà voyant impersonnel : c'est ce dessaisissement de soi et cette capture involontaire de ma vue par l'image projetée que d'aucuns ont comparé à l'hypnose, et qui rend le cinéma si délicieux aux uns, si insupportable aux autres. Que nous apprend sur le fonctionnement de notre vision, cette adhésion immédiate à la « caméra objective », ce ravissement du spectateur par « identification primaire », tout autant que mon (S) identification intersubjective aux visions cadrées des uns et des autres ? C'est que voir peut être tantôt un état (involontaire), tantôt l'exercice d'une capacité (regarder), et que le regard d'une même personne peut être tantôt objectif, tantôt subjectif, mais qu'en tout état de cause ce couple ne recouvre nullement les oppositions vrai/faux, réel/fiction.

18 *Voir ou regarder, quelle différence ?*

Au cinéma, on regarde l'écran et on voit le film qui nous regarde mais ne nous voit pas. Dans la salle, les spectateurs ainsi que les sièges *regardent* vers l'écran. Mais *je vois* que la salle est pleine (au sens de m'apercevoir). « Voir » peut ainsi se construire avec une proposition subordonnée, à la différence de « regarder » (on ne dit pas « je regarde que »). Même si les deux sont transitifs et peuvent appeler un complément d'objet direct, « voir » autorise davantage de développements, contours et détours descriptifs : plan d'ensemble et *travelling* et changement d'axe. Regarder, ce serait plutôt panoramique et *zoom* avant. James Stewart, dans *Fenêtre sur cour,* ne se contente pas d'avoir vue sur cour, il regarde au télé-objectif chez ses voisins. Regarder serait ici comme découper un centre d'intérêt dans un voir plus large et diffus, ce serait d'une part cadrer, de l'autre pénétrer chez autrui, en autrui : « il me pénétra de son regard. » Pourtant on dit bien un voyeur, pas un regardeur...

On dirait donc volontiers que voir est un état (quasi-permanent), et regarder une activité (ponctuelle). « Regarder » s'affirme plus volontaire et réfléchi (re-garder à deux fois), plus intentionnel et focalisé. « Voir » est apparemment plus passif, involontaire, global. À un enfant turbulent ou un ami distrait assis à côté de vous au cinéma, vous ordonnerez, pour qu'il fixe son attention : « regarde ! » et non pas « vois ! », qui serait emphatique et presque magique (mais l'*audience camera* à la Welles met en œuvre une telle injonction au spectateur !). Pour voir, il suffirait d'ouvrir les yeux. Mais on n'en est pas quitte pour autant, puisque regarder nous reconduit à voir : on regarde pour voir ou mieux voir, comme le soulignent des expressions comme « regardez voir ! » ou « regardez, vous voyez » (et pas l'inverse). Regarder, c'est vouloir voir ; on y regarde de plus près pour parvenir à voir.

Mais on peut aussi regarder sans voir, et on peut même voir sans voir ! Je vois une scène mais je n'en ai pas saisi tous les détails, son sens (ou un de ses sens) peut m'échapper. Ainsi Harun Farocki, dans son film *La Sortie des usines,* nous repasse-t-il le premier film de l'histoire désormais centenaire du cinématographe, et nous fait remarquer, par un effet d'iris et de répétition, ce que nous avions sous les yeux sans le voir : au moment de se séparer devant la porte des usines Lumière, une des ouvrières en tire une autre par la jupe, et l'autre n'ose pas lui rendre la pareille, facétie restée pour toujours sans réplique sous l'œil de la caméra du patron ! L'expression « ça crève les yeux » veut bien dire que c'est évident mais qu'on ne le voit pas forcément. On parlera alors de « tâche aveugle » dans la vision, en étendant dans un sens psychologique ce qui caractérise une réalité physiologique de notre œil. En contrepartie, il existe également une « vision aveugle », comme l'ont prouvé des expériences menées avec certains aveugles, c'est-à-dire une vision non consciente : l'objet prétendument non vu, le sujet peut l'indiquer dans le champ « aveugle » ou bien le reconnaître après coup.

Nos défaillances, aveuglements ou focalisations sont bien sûr dus à nos inattentions, obsessions, intérêts et exclusives personnels, c'est aussi le tribut payé à une nécessaire sélection des stimuli et informations qui nous assaillent et à travers lesquels nous devons diriger nos pas et nos vies. Imaginez un homme qui verrait et enregistrerait sans discrimination tous les détails des situations où il se trouve ! (cf. *L'homme dont le monde volait en éclats*, Louria, 1998).

19 *Ne seraient-ce pas les choses qui nous regardent ?*

Voit-on une scène de film comme on voit une scène de rue ? Vois-je *Fenêtre sur cour* comme je vois mes voisins par ma propre fenêtre ? Voit-on *L'Arrivée du train en gare de La Ciotat* (film des frères Lumière) ou de Santa Rosa (*L'Ombre d'un doute* de Hitchcock) comme on voit de ses propres yeux arriver un TGV gare de Lyon ? Mais le film aussi je le vois de mes propres yeux ! Certes, mais ma vision est-elle la même, fonctionne-t-elle de la même façon sur l'écran que dans la rue ou dans mon salon ? Déjà, la différence de préposition nous l'indique : je suis **dans** mon salon ou **dans** la rue et vois ce qui se passe autour de moi, alors que je suis **devant** l'écran et vois le film **sur** l'écran. Ma vision est bloquée, dictée, même si les variations de plans à l'écran me donnent un illusoire équivalent de ma liberté de regard dans la vie. Et ma vision du film est entièrement dirigée, prévue (la fameuse direction de spectateurs dont parle Hitchcock) ; mon regard vient s'aligner sur le regard (invisible) de la caméra, mon champ de vision sur le champ qu'elle a cadré à mon intention, et qu'elle me prête comme si c'était le mien ! Et c'est bien le mien maintenant (comme celui de chacun des autres spectateurs), transfert magique dont je suis la dupe consentante, j'ai même payé pour ça ! Et puisque j'y retourne avec autant de plaisir, la question est de savoir ce que je gagne en contrepartie de mon regard accaparé et comme emboîté dans un jeu de cadre-cache m'embobinant à la façon d'une galerie des glaces ?

Eh bien j'y gagne de voir, en plus de mes propres yeux, par les yeux d'un, d'une, de plusieurs autres. J'y gagne de pouvoir, en toute impunité (car absent de la scène vue, donc à l'abri), échanger ou superposer mon regard avec ceux des personnages et celui de la caméra. Ce tourniquet des regards – où j'occupe, comme en rêve, toutes les places – et cette double invisibilité de l'objectif qui voit pour moi et de moi à la scène projetée, sont à la base de la psychologie du cinéma que nous explorons. Cette psychologie « esth-éthique » (façons de voir ayant à voir avec nos formes de vie), on pourrait la décrire de façon condensée comme :

- l'analyse des échanges de regards entre spectateur, filmés et Filmeur, à travers champs (et hors champ) ;
- et analyse de la conjugaison des visions et des voix (y compris *off*) à travers temps. On peut ainsi tirer de l'écran certaines observations psychologiques (que manque forcément l'introspection) concernant **la dialectique constitutive des personnes par leur conjugaison, déclinaison et opposition dans des espaces-temps partagés ou exclusifs** (les conjonctions et disjonctions, transitions et terminaisons de Willliam James), **avec ses compléments d'objet animistes** (esprit des choses, esprit des lieux, esprits animaux) **et ses amplifications schizophrénique et paranoïaque.**

C'est que tout nous parle, comme dit le poète ; tout ce que l'homme voit a une physionomie, et notre regard a des tendances anthropomorphiques et animistes que le cinéma amplifie. Qui n'a vu un visage se dessiner dans les lattes du parquet ou l'ombre d'une fenêtre ? Qui n'a appréhendé, dans la vision de tel objet, une menace ou un recours ? À force de se charger de nos intentions et attentions, de nous (re)lier – fidèles ou encombrants ustensiles – à nos espérances ou à nos remords, les objets (tout comme les animaux, voir la scène tragi-comique, dans *L'homme qui en savait trop*, où James Stewart se voit agressé par des animaux empaillés) finissent par nous regarder et nous jeter des sorts, présages heureux ou fatidiques, ou par incarner chers disparus ou revenants (voir *Rebecca,* qui n'est présente, dans le film éponyme, que par ses dépouilles). Jean Epstein a vanté à juste titre cette puissance animiste et poétique du cinéma, qui vaut aussi pour les paysages et les maisons. Le gros plan, ou le fameux zoom mental sur la chose remarquée, ne sait-il pas particulièrement rendre l'esprit aux choses, l'esprit des choses ! La clef dérobée va-t-elle m'accuser, la tasse de café veut-elle m'empoisonner (*Notorious*), le couteau de table me pousser à tuer (*Sabotage*) ou me prendre la main pour me faire accuser d'un meurtre que je n'ai pas commis (*La Mort aux trousses*), le scrabble m'avertir d'un crime en gestation (*Soupçons*), un sachet de thé ou un air de musique trahir un kidnapping (*Une femme disparaît* et *L'homme qui en savait trop*), le chignon m'embobiner, le collier écarlate me crier que la morte est vivante (*Vertigo*)... Comme l'écrit Béla Balazs (1979 : 85), « tout ce que l'homme voit a une physionomie. [...] Or le cinéma peut tirer de chaque objet une physionomie anthropomorphe, et c'est une exigence de l'art cinématographique qu'aucun millimètre carré de l'écran ne reste neutre, que chaque particule soit expressive, donc soit éveillée à la physionomie et au geste. » En grossissant – jusqu'à la paranoïa dans le *thriller* Hitchcockien – l'aspect inquiétant ou rassurant, secourable ou nuisible, de nos compléments d'objet, le cinéma souligne ces liaisons significatives (éventuellement dangereuses) que nous avons aux choses qui nous entourent, nous affectent et véhiculent nos affects, et par lesquelles passent aussi nos relations, pratiques et symboliques, entre nous. Sous cet aspect, *Strangers on a Train* (*L'Inconnu du Nord Express*) apparaît comme les tribulations d'un briquet.

Hallucination et paranoïa : Est-ce le monde qui m'en veut ? Est-ce moi qui ne veux plus de ce monde ?

« Ce qui différencie l'homme normal du fou, c'est que l'homme normal n'est fou que quelques secondes ou minutes par jour. » Ce propos du psychiatre Édouard Zarifian nous dit bien que la folie ne nous est pas étrangère, que chacun de nous a son petit (ou gros) grain de paranoïa ou de schizophrénie passagère, c'est-à-dire que n'importe qui, comme le montrent les films de Hitchcock, peut être victime d'une crise précipitée par un événement imprévu ou une situation déstabilisante, et vécue comme une véritable persécution ou hallucination. Le monde nous en veut, nous ne voulons plus de ce monde, nous en inventons un autre... Comment démêler le vrai du faux, le réel de l'imaginaire, le subjectif de l'objectif ? Un des paradoxes du cinéma, c'est qu'il excelle à les entremêler et, en nous faisant ainsi expérimenter ce trouble à l'écran, il peut nous aider à y voir plus clair !

Selon William James et les remarquables commentaires qu'en donne David Lapoujade (« De la vérification et de la falsification », *in* 2008), notre expérience s'ordonne en deux dimensions : continuité et extériorité. Pour être pertinente, notre expérience doit se confronter aux réalités extérieures. Pour être cohérente, elle doit en tirer des fils et du sens pour tisser une conduite, des pensées, des visées conséquentes. Et cette continuité personnelle doit sans cesse s'ajuster, se remettre à l'épreuve de ses propres conséquences et des événements nouveaux qui viennent changer la donne et l'acquis. Si l'une de ces deux dimensions, continuité ou extériorité, vient à manquer, surgit l'aberration, qui peut donc prendre deux formes extrêmes. « Dans le premier cas, c'est l'extériorité qui est fausse ou hallucinatoire, faute de continuité. Dans le second, c'est la continuité qui est fausse ou illusoire, faute d'extériorité. C'est toujours un affect (ou un complexe d'affects) qui vient rompre la continuité de l'expérience, tandis que c'est toujours une idée (ou un système de pensées) qui la prive d'extériorité » (*ibid.* : 157).

Quand c'est la continuité de l'expérience qui se trouve rompue, quand vous n'arrivez plus à raccorder les morceaux, quand la cohérence est à la dérive (généralement sous l'effet d'une affection trop forte), alors apparitions, fantômes, hallucinations viennent boucher les trous. Déguisées en cause « objective », ces projections viennent redonner une (pseudo)cohérence à vos épreuves. C'est le cas de la préceptrice du *Tour d'écrou* de Henry James, et celui de la seconde Mme de Winter (Joan Fontaine), dans *Rebecca*. Dans l'autre cas, c'est l'opposé : toute extériorité est sacrifiée au profit d'une continuité purement théorique (obsession ou idéologie), idée fixe qui aimante tous les signes comme preuves (plus ou moins forcées) de son système, ainsi de Lina (Joan Fontaine encore) dans *Suspicion*. Toute épreuve de la réalité abolie ou plutôt arraisonnée à son a priori, le système (individuel ou totalitaire) devient forcément paranoïaque; à ses yeux toute absence de preuve devient « évidemment » une preuve supplémentaire de sa clairvoyance, et du complot qu'elle a découvert! Le cache apparaît alors comme un fétiche prouvant qu'il y a bien là quelque chose de caché (c'est une des vieilles recettes de la presse à sensation et autres racolages TV); et le cache, ou toute soi-disant manœuvre de dissimulation, suffira à attester n'importe quelle « vérité » qu'on supposera derrière (c'est d'ailleurs le mécanisme des théories du complot et de pas mal d'erreurs judiciaires, dont celle du *Faux Coupable*). Ici ce n'est pas l'arbre qui cache la forêt, c'est la forêt qui cache l'Alien : « Voyez cette forêt, nous dit le reporter, elle a été plantée » ; c'est certain, pensons-nous ; « elle a été plantée pour dissimuler le cratère du crash du vaisseau extra-terrestre » ; donc voir la forêt, c'est tout comme voir le vaisseau extra-terrestre en dessous, c'est donc voir sa preuve indéniable ! (cf. « L'extra-terrestre » in *Documents interdits,* de Jean-Teddy Filippe, Arte Video).

C'est dans un tel labyrinthe de rationalisations (en plus sophistiqué) que nous entraîne le narrateur de *La Source sacrée*, de Henry James, ou Jeffries (James Stewart), le voyeur de *Fenêtre sur cour*, qui veut absolument que son voisin d'en face ait tué sa femme (sa fiancée Lisa, Grace Kelly, ne manquera pas de lui reprocher cette obstination, avant de fermer les rideaux au beau milieu du film et de suggérer des attractions plus intimes)... Même si Jeffries rallie ensuite Lisa à son obsession et si le film finit par lui donner raison (et ainsi satisfaction au spectateur !), il n'en sera pas moins puni par une nouvelle chute (et de nouvelles fractures), précipité par la fenêtre comme hors de l'écran, à travers lesquels nous avons partagé (avec délectation) son voyeurisme acharné et coupable. Cette chute n'est-elle pas une version humoristique, ô combien hitchcockienne, de la morale biblique (à l'usage des voyeurs que nous sommes tous devenus, aux dires de la masseuse Stella) : qui a pêché par la fenêtre, passera par la fenêtre !

21 *Vertige : l'esprit est-il dans l'escalier ?*

Si *Vertigo* apparaît comme le sommet du cinéma de Hitchcock, c'est qu'il compose et entremêle l'un avec l'autre les deux motifs, les deux dérèglements : l'hallucinatoire et le paranoïaque. Madeleine (Kim Novak), belle blonde placide, riche et chic, est hallucinée, hantée par le spectre de sa (soi-disant) grand-mère Carlotta, qui la pousse à se suicider comme elle. L'ex-flic Scottie (James Stewart), chargé par son mari, Gavin Elster, de protéger Madeleine, tente de la « désenchanter », de la ramener à la raison (et à l'amour qu'il lui voue). « Voyez, tout s'explique » dit-il en remettant les choses en place, en « reconstituant le puzzle » comme il dit, en s'efforçant de découvrir (et faire partager à Madeleine et au spectateur) des chaînes de raison externes là où elle ne voit que des sortilèges l'enchaînant à sa folie (cf. notamment la scène en bord de mer, à la sortie du bois de séquoïas, et celle dans l'écurie de San Juan Bautista, avant le faux suicide de Madeleine). Mais l'affaire se retourne, puisqu'après la mort de Madeleine, c'est l'enquêteur, le raisonneur empiriste Scottie, qui se trouve à son tour possédé et halluciné par le fantôme de la défunte, jusqu'à vouloir la reconstituer avec une femme de rencontre qui lui ressemble étrangement (c'est la même Kim Novak, en version rousse vulgaire : Judy est à Madeleine ce que la starlette est à la star). L'empirisme de Scottie – la quête des choses probantes et chaque chose à sa place (« vois-tu, il y a une réponse à tout » disait-il à Madeleine dans l'écurie) – s'est retournée contre lui et en lui, en fétichisme obsessionnel qui le relie à son idole comme les cailloux du Petit Poucet : chignon blond, tailleur gris, Jaguar verte, bouquet de roses roses, pendentif rouge... La réapparition de celui-ci au cou de Judy, après consommation de l'amour nécrophile, trahira brutalement aux yeux de Scottie ce que le spectateur sait déjà par un *flash-back* subjectif de Judy : l'identité de Judy et de Madeleine, et donc le coup monté pour faire de Scottie le témoin crédule et impuissant du suicide de Madeleine (qui est en fait l'assassinat de la vraie Madeleine par son mari avec la complicité de Judy jouant l'appât déguisée en fausse Madeleine).

L'ironie de l'histoire, c'est que le détective Scottie a cherché et trouvé des explications « objectives » aux fantasmes de (la fausse) Madeleine dont il est tombé aveuglément amoureux, mais ce ne sont pas les bonnes ! Ce sont des rationalisations (partagées par le spectateur séduit) pour la rassurer et se faire aimer. Et qui plus est, en croyant trouver, pour elle et pour nous, « les réponses à tout », le malheureux Scottie n'a fait que répliquer, sans s'en rendre compte, un scénario qui est un coup monté à son encontre (par Gavin Elster), un leurre et un meurtre dont il devient, sans le savoir, le naïf et grotesque alibi ! L'ironie de l'histoire, derechef, c'est que s'il avait été un peu moins rationaliste aveuglé par ses beaux raisonnements et sentiments, Scottie aurait peut-être flairé sous la trop belle Madeleine un complot... là où il y en avait effectivement un ! S'il n'a reconnu ni le piège ni son rôle de pigeon dans ce rêve à dormir debout (et nous non plus), c'est paradoxalement par un excès d'interprétations logiques et psychologiques, et un manque... de parano !

Et si nous, spectateurs, avons marché aussi, c'est la faute à Hollywood. Hitchcock ne nous monte-t-il pas le coup de la mystérieuse femme fatale en Jaguar verte, de la traque du désir manière noire « je t'aime, je te file », avec poursuite sinueuse à travers les collines de San Francisco, et retrouvailles sous l'égide de la Coït Tower ! À cette variante près, qu'au lieu de dire : « je ne vous connais pas monsieur », la belle filée s'écrie : « je ne me connais pas » ! D'où romantisme échevelé, noyade façon Ophélie, sauvetage à la Tarzan, nudité séchée au feu de bois, forêt fantôme de séquoias, saut final du haut de la tour du couvent, le tout orchestré par « l'amour à mort », *Liebenstodt*, thème du Tristan et Yseult de Wagner, repris par Bernard Hermann. Au cours de cette première partie si émouvante et éprouvante, qui dure ce que dure un long métrage standard, Hitchcock nous (S) applique – en même temps qu'il les sublime et s'apprête à les subvertir – toutes les recettes de l'usine à rêves hollywoodienne (polar et mélo mêlés), dont il va démont(r)er sans pitié les mécanismes dans la deuxième partie, avec une chute particulièrement cruelle : la deuxième mort de Madeleine, c'est-à-dire de sa doublure Judy, précipitée à son tour de la tour par celui qui voulait tellement calquer la vivante sur la morte pour pouvoir l'aimer ! La belle et cruelle leçon infligée à l'amour fétichiste et nécrophile de l'image (tel celui du cinéphile pour ses étoiles mortes), sacrifiant la vie réelle à sa représentation illusoire, apparaît bien comme un brûlot de Sir Alfred contre la fabrique hollywoodienne des stars et des illusions. Le montage/démontage qu'opère ce chef-d'œuvre – dans un mouvement en spirale analogue à ce jeu d'optique dans lequel notre œil ne sait plus s'il s'y enfonce ou s'en éloigne – fait de Hitchcock à la fois le maître des illusions et le maître-désillusion. Sa performance, c'est de nous faire croire à une romance hollywoodienne mâtinée de polar, pour mieux en dénoncer ensuite les machinations et effets spécieux… tout en soutenant la passion du spectacle et du spectateur jusqu'au bout !

Ce film spirale – qu'il faut voir deux fois au moins pour comprendre, à la lumière de la seconde partie, les prédictions et malédictions que recèle la première – ce film en double hélice fonctionne comme un trompe-l'œil, pour le héros bien sûr (ou plutôt l'anti-héros, tant Scottie n'est pas à la hauteur, c'est le cas de le dire !), mais aussi pour le spectateur, d'abord embobiné puis affranchi. C'est cet aspect, retors et révélateur, qui concerne particulièrement notre propos :

la mise en scène qui joue puis déjoue l'identification du spectateur. La prouesse esthétique du Filmeur (incomprise à la sortie du film aux États-Unis), c'est de jouer d'abord la duplicité puis le dédoublement, non seulement quant aux personnages (*Vertigo* s'inscrit dans la tradition du *Doppelgänger*) mais pour le spectateur. Dans la première partie, à l'image du malheureux détective mis à pied pour cause d'acrophobie, le spectateur est séduit et fasciné par la belle et énigmatique Madeleine que Scottie doit protéger d'elle-même et de ses démons, et dont nous (S) tombons aussi aveuglément amoureux, pris que nous sommes dans les méandres des champs/contrechamps, tous centrés sur la vision subjective de Scottie : caméra subjective traduisant le regard de Scottie sur Madeleine (qui le balade), contre-champs sur le visage captivé de Scottie et ses réactions. Et nous ne pouvons, pas plus que Scottie, saisir l'ironie qu'il y a à l'entendre dire à Gavin Elster qu'on ne peut raisonnablement être possédé par une morte (c'est ce qui va lui arriver dans la 2e partie du film !). Nous ne pouvons, pas davantage que Scottie non plus, comprendre le malaise qui agite Madeleine à la sortie de la forêt de séquoias ou au pied du clocher où elle va bientôt « se suicider » ; nous l'attribuons à sa « folie » alors qu'elle se débat en fait contre l'amour de (et pour) Scottie qu'elle ne peut accepter, puisque (nous l'apprendrons plus tard) elle n'est qu'un sosie de la véritable Madeleine, une comparse chargée de leurrer le détective, de faire de lui le témoin médusé et incontestable de son (faux) suicide.

Après cette première chute qu'on pourrait croire finale, un simulacre de procès aussi étrange que ridicule – façon tribunal céleste rendant un non-lieu et renvoyant à son impuissance le détective chargé de la protection rapprochée – clôture apparemment l'histoire, qui pourtant ne s'arrête pas là (il reste encore 40 minutes de film et tout va s'inverser). Se sentant coupable du suicide de l'adorée qu'il n'a su empêcher, Scottie tombe en catatonie. Cauchemar. À sa sortie de clinique, Scottie n'est plus que l'ombre de lui-même, et le spectateur (*via* la caméra) le voit d'un tout autre œil, non plus empathique mais apitoyé, distant, inquiet. Scottie apparaît fêlé, perdu dans sa quête obsessionnelle de Madeleine qu'il tente de retrouver à travers ses dépouilles. La caméra ne nous fait plus épouser la vision idyllique de Scottie, ni son désir ardent comme dans la première partie ; elle l'observe déambulant comme un zombie, flairant les reliques de sa défunte envoûteuse. Et puis soudain, moment de rémission et de réminiscence, l'effet Madeleine cher à Proust (rappelons que le vrai nom de Scottie est John Ferguson, qui peut se traduire en yiddish d'immigré : « j'ai oublié », cf. question 44) : Scottie croit revoir Madeleine dans une jeune femme rousse, Judy. Et nous (S) retrouvons, le temps de cette brève rencontre, le même jeu (en plus triste, à pied et sans Jaguar) de caméra subjective suivant la fille et de contrechamps sur le visage de Scottie, que nous avions partagé du temps où il filait amoureusement Madeleine ou la découvrait chez Ernie's. S'ensuit alors la scène du grand renversement (à 1 h 34 min, exactement à 30 minutes de la fin) : la révélation du crime en *flash-back via* le regard caméra de Judy (cf. question 25). Ce coup de théâtre entraîne le retournement (éthique) du spectateur : Judy, accompagnée par un *travelling* semi-circulaire pathétique, écrit une lettre à Scottie lui révélant le crime et sa complicité, en même temps que son amour véritable malgré cette duperie. À la fin, elle se lève, regarde à nouveau au loin vers la caméra et déchire la lettre ; elle ne dira rien à Scottie et veut tenter de repartir à zéro. Dès lors, le spectateur affranchi et renversé va vibrer avec elle, entre espoir amoureux et peur que Scottie, qui se révèle de plus en plus un ombrageux obsédé, ne découvre le pot-aux-roses. Admirons la performance quasi perverse : au moment où la criminelle est démasquée, nous (S) basculons de son côté et, au nom de cet amour vivant, nous aimerions que sa dupe le reste ; dupe qui, de son côté il est vrai, semble sombrer dans un pathétique « *revival* » de ses amours mortes. En fin de course, c'est la morte qui saisira la vive. Avec la chute mortelle de Judy, provoquée par Scottie dessillé, la morale est sauve… au détriment du *happy end* souhaité par le spectateur ! Nous (S) aurons eu une dernière lueur d'espoir de réconciliation, là-haut sur le clocher, le temps d'un baiser rappelant Madeleine à Scottie. Mais, derrière l'épaule de Scottie, le même œil écarquillé de Judy-Madeleine – celui du générique déjà, et celui qui visait le clocher du crime au moment où Scottie embrassait Madeleine dans l'écurie – l'œil coupable s'exorbite maintenant en panique : un spectre sort de l'ombre, « j'ai entendu des voix » dit la nonne, précipitant le recul fatal de Judy. Et cette voix fatidique (qui diable en a eu l'idée ?) est celle-là même de Kim Novak, alias Judy, alias Madeleine. Comme si, émanant de la bouche d'ombre, la voix avait déjà quitté son propre corps pour en annoncer la chute.

22 *Qu'est-ce qui rend une idée heureuse ?*

Mais en fin de compte, comment s'apercevoir qu'une idée est vraie, qu'elle colle, qu'elle n'est pas lubie, délire ou paranoïa ? Selon William James, une idée vraie est une idée (heureuse) qui prolonge les précédentes (continuité), tout en s'ajoutant à elles de l'extérieur (extériorité), et qui donc se vérifie par « ses conséquences pratiques satisfaisantes ». Erving Goffman (1981) parle aussi des « conditions de félicité » de nos énoncés. « Cette satisfaction, n'est-ce pas le sentiment d'une continuité entre nos diverses expériences ou idées, entre la situation présente et l'ensemble de nos connaissances antérieures ? Et que sont les conséquences pratiques, sinon le fait qu'une idée se prolonge hors d'elle-même, vers d'autres idées ou d'autres parties de la réalité sur lesquelles elle agit ? Si l'un des deux constituants vient à manquer, c'est alors que l'idée devient fausse. Inversement c'est leur corrélation qui empêche le processus de mal tourner. L'extériorité empêche de transformer l'immanence en intériorité, tandis que la continuité empêche de transformer l'extériorité en transcendance » (Lapoujade, 2008). Intériorité et transcendance forment un couple de fantômes ou de mythes complémentaires, appelés à la rescousse – aussi bien dans les pathologies susdites que dans les systèmes philosophiques de l'idéalisme et du rationalisme – pour réunir ce que leur dualisme (plus ou moins délirant) a séparé. Aux yeux de William James, le dualisme repose sur deux omissions symétriques : « il ne tient pas compte de l'intentionnalité de l'idée, qui est pourtant sa propriété essentielle; il néglige le contexte qui accompagne l'objet, alors que le contexte est nécessaire pour qu'on soit conduit à l'objet et qu'on le connaisse. Si l'on tient compte à la fois de l'intentionnalité et du contexte, le sujet et l'objet cessent d'être deux entités hétérogènes que seul un saut métaphysique peut réunir » (DPHI, 1998 : 14). C'est pourquoi James oppose à la connaissance « saltatoire » des rationalistes ou idéalistes, un mode de connaissance « ambulatoire », qui procède par « déplacement à travers des expériences intermédiaires », en réseau et mosaïque, par rapprochements et différences, conjonctions et disjonctions : « *patchwork and network* ».

« La philosophie s'est toujours jouée sur les particules grammaticales : *avec, près de, à côté de, comme, depuis, vers, contre, parce que, pour, à travers, mon* – ces mots désignent des types de relations conjonctives rangées selon un ordre (globalement) croissant d'intimité et d'inclusion. [...] Aucun type de liaison unique ne parcourt toutes les expériences composant notre univers. [...] Dans un tel monde, les transitions et les terminaisons sont les seuls événements qui se produisent bien qu'ils arrivent en suivant chaque fois des chemins différents » (James. W, 2005 : 60). Ces prépositions, conjonctions et adverbes qui font joints et déterminent, ô combien, les nuances et motifs de la mosaïque de nos vies, montrent d'une part, que les relations sont tout aussi concrètes et importantes que les termes (ce que le cinéma montre à l'envi), que d'autre part, ce sont ces modalisations, ces petits pas, comme dans un jardin japonais, qui permettent de nous relier subtilement les uns aux autres et nous aident à construire des passerelles entre nous, et entre nous et le monde alentour. Évidemment, faire un pas vers l'autre, c'est toujours risquer de se heurter à un mur ou de tomber dans le vide, c'est le thème typiquement noir – l'amour non pas trahi mais comme traîtrise – que déroulent si magnifiquement *Notorious* ou *Vertigo*, et qu'on retrouve comme *leitmotiv* dans bien des films noirs.

23 *Comment le cinéma nous fait don de double-vue ?*

> « *Le théâtre, écrit Baudelaire, c'est le lustre.* » S'il fallait opposer un autre symbole à l'objet artificiel, cristallin, brillant, multiple et circulaire, qui réfracte les lumières autour de son centre et nous retient captifs dans son auréole, nous dirions que le cinéma c'est la petite lampe de l'ouvreuse qui traverse comme une comète incertaine la nuit de notre rêve éveillé : l'espace diffus, sans géométrie et sans frontières, qui cerne l'écran. (Bazin, 1985 : 161)

Au cinéma je vois double, et c'est pour cela que j'y reviens. Je vois la salle, l'ouvreuse, l'écran (cadre familier naguère légendé : *Défense de fumer*). Je vois aussi que la salle s'éteint, je vois le faisceau du projecteur, des ombres et des lumières qui s'agitent à la surface de l'écran. Et je vois maintenant autre chose autrement, comme dans une vision au carré, je vois le film, j'entre *de visu* dans le monde faussement plat du film, je suis son déroulement, je pense selon le film qui voit et pense pour moi. Comment marche cette double-vue dont nous fait don le cinéma, qui me fait voir à la fois comme moi et comme un autre ? C'est bien moi qui vois les paysages, les décors, les personnages, les actions filmés. Cependant ce que je vois est commandé en secret (secret qui ne dure que le temps de la projection) par le regard d'un autre : ce que je vois actuellement à l'écran a été composé, cadré et enregistré auparavant par l'objectif d'un Filmeur invisible; ce que je crois voir par moi-même, c'est lui qui me le montre en douce et par avance. Alignée sur celle du Filmeur – qui a « réalisé » ces vues devenant miennes – ma vision est-elle la sienne pour autant ?

– Oui, dans l'exacte mesure où le Filmeur ne fait pas que suggérer ou décrire, à la façon d'un écrivain, une vision du monde, l'évocation de choses absentes, mais me transmet bel et bien l'actualité de son regard à travers la focale et la pellicule impressionnées par ces choses mêmes, sous cet angle-là.

– Non, dans la libre mesure où je ne fais pas que voir par le regard d'un autre; je vois ce regard, que je partage, comme autre que le mien. Et je peux m'en distancier pour l'apprécier, le relativiser et en juger (au moins après coup). François Truffaut ne disait-il pas que tout le monde a un métier, plus critique de cinéma ! C'est que tout plan prête à discussion, discussion entre moi et moi avant tout, car une séance de cinéma est d'emblée une « entrevue », entre ma vue prise dans le film et ma vue sur l'écran, entre l'échange de regards incorporé au film (pré-voyant celui du spectateur) et le regard actuel que je porte sur le film et l'écran.

Ainsi la double-vue que nous procure le cinéma fonctionne au carré : le spectateur jouit de sa propre vue, alignée sur les vues de la caméra, et il bénéficie, outre la vision sur les personnages, de la vision des personnages les uns sur les autres... Dieu tout puissant, cette omnivoyance est-elle bien recommandable ? Ne frise-t-elle pas le péché d'orgueil, voire le désir diabolique de s'égaler au Créateur (comme le fait James Stewart/Scottie, se prenant pour le metteur en scène dans la 2e partie de Vertigo) ? Pétrissant le dos du même James Stewart/Jeffries, quelques années plus tôt, dans *Fenêtre sur cour,* la masseuse Stella (Thelma Ritter) protestait : « nous sommes devenus une race de voyeurs... les gens feraient mieux de sortir de chez eux et de regarder ce qui s'y passe ! » Outre la vigoureuse condamnation de la passivité scopique et l'invitation à aller voir non pas ailleurs mais d'ailleurs ! On ne peut s'empêcher d'entendre là une critique de la télévision (les fenêtres d'en face ne sont-elles pas comme autant de téléviseurs branchés sur différents stades de la vie de couple ?). Critique tout aussi pénétrante que celle, contemporaine, mise en scène par Jacques Tati dans *Playtime*, quand les habitants des appartements-vitrines, apparemment atteints d'autoscopie, semblent mater les uns chez les autres, alors qu'ils regardent les téléviseurs fixés symétriquement sur la cloison mitoyenne ! L'idéal (louche) de la télévision n'est-il pas de regarder chez les voisins, semble suggérer le visionnaire Tati, trente ans avant la sinistre apparition du « *Loft* » et autres *reality-shows* !

24 *Quelles sont vos intentions ?*

Ce qui différencie de ma vue ordinaire cette double vue dont me dote le cinéma, c'est qu'elle se trouve chargée d'intentions qui ne sont pas les miennes mais que j'endosse au fur et à mesure de la projection. Si le charme du cinéma est bien de m'offrir l'occasion de voir par les yeux d'un(e) autre, il opère aussi la manœuvre inverse, plus inquiétante et plus renversante encore : d'autres (à travers l'écran) me prêtent leurs intentions jusqu'à diriger mon regard avec ! Je me prends à supputer « mes » chances de tuer ou de me sauver, de séduire ou de trahir… « Quelles sont vos intentions ? » : assassin en puissance ou faux coupable, victime ou détective, amoureux ou vamp, je (S) prends la question pour moi, pris que je suis dans l'horizon d'attente de tel ou tel personnage, tapi dans le réseau d'inférences que dessine l'intrigue. Suspense. Je deviens le théâtre des opérations psychologiques : la caméra et sa théorie de personnages s'emparent successivement de ma vue, m'instillent leurs visions, prévisions, appréhensions. Hitchcock s'est plu à souligner ce caractère irrésistiblement immoral du cinéma : il suffit que la caméra nous place du côté du voleur (même vilain), nous fasse partager, haletants, les risques de son intrusion, pour que nous souhaitions anxieusement qu'il ne se fasse pas surprendre par l'irruption des propriétaires (même gentils), qu'un diabolique montage alterné n'aura pas manqué de nous montrer écoutant leur soirée et hâtant le pas vers leur domicile... Ce que notre voleur, lui, ne voit pas, accroissant notre irrépressible envie de voler au secours du crime en criant! Dans *Le crime était presque parfait*, le maître du suspense pousse cette perversion spectatorielle à son comble en l'inversant : le coup de fil devant attirer la belle victime (Grace Kelly) au téléphone se faisant attendre, le (vilain) meurtrier s'apprête à partir bredouille, provoquant notre déception et l'envie de le retenir! Il reviendra...

Ne retrouvons-nous pas là l'ancestral conflit de nos facultés, cette vieille opposition entre raison et passion, mère de la tragédie? Eh bien non, car l'expérience que procure le montage susdit est à la fois plus triviale, plus brutale et plus troublante : sans hésiter ni réfléchir, notre empathie nous colle au criminel, notre émoi immédiat l'emporte sur notre moi moral, même (et c'est là le plus grave, Alfred a raison), même si nous ne voyons aucune excuse au voleur et si les volés ont toutes nos sympathies! Il ne s'agit donc pas (même pas!) d'un conflit de valeurs, d'un choix moral à peser, c'est déjà emballé... la pression physique l'emporte sur l'inclination morale, le suspense sur la réflexion. L'impulsion n'en est que plus inquiétante évidemment; ce pourquoi puritains et intégristes condamnent la fréquentation des salles dites justement « obscures ». Ils n'ont visiblement pas compris qu'à l'instar des autres arts, avec sa façon particulière de nous faire passer par les troubles méandres de la vision des autres, le cinéma nous aide à affronter nos démons, à les projeter et les domestiquer? La voiture emballée rase le bord du précipice, la portière s'ouvre... Joan Fontaine (« *monkey face* ») va-t-elle tomber, Cary Grant (Johnny) la pousse-t-il ou la retient-il? Enfin l'automobile s'arrête hors d'haleine, on s'explique, ment-il encore, se ment-elle une nouvelle fois?... Tout semble s'arranger, la voiture fait demi-tour, on rentre à la maison : le bras de Johnny s'enroule autour des épaules et du cou de « *monkey face* »... *happy end* matrimonial (faussement) rassurant. Quelques années plus tard, le même Cary Grant (dans le final de *North by Northwest*) n'attire-t-il pas sur sa couchette sa jeune épousée, Eva Marie-Saint, qui, il y a moins d'une heure (de film), l'envoyait à la mort dans un champ de maïs resté célèbre?

Le plus angoissant de ces démons familiers n'est-ce pas la peur de l'autre et le manque de confiance (en soi, dans les autres)? En témoigne exemplairement *Notorious*, l'un des plus sublimes jeux de cache-cache amoureux et poisonneux orchestré, sur le thème de « je t'aime, moi non plus », par les pointes de dialogue assassines de Ben Hecht :

> Ingrid Bergman (Alicia) – Vous avez peur ?
> Cary Gant (Devlin, autant dire « Devil ») – J'ai toujours eu peur des femmes. Mais je me soigne...

Et en fait il va « la soigner » elle, d'abord au sens de « la corriger » comme dans un match de boxe, déniant son propre amour à lui et son amour-propre à elle, la renvoyant fielleusement à son passé de femme légère et portée sur la bouteille, pour finalement tout de même la sauver de l'empoisonnement où il l'a laissé et elle s'est laissé plonger par dépit...

La comédie annonce la couleur : « Je ne suis pas celle que vous croyez ! ». Mais le drame (mélo ou polar) se noue en clair-obscur : « Elle n'est pas celle que je crois ? Suis-je moi-même celui que je crois ? celui qu'elle croit ? que croient les autres ? ». *Soupçons*, *Notoriété douteuse*, *Ombre du doute*, *Faux Coupable*, *Vertige*, *Mort aux trousses*, *Strangers on a Train*... Nous voilà pris dans le jeu de miroirs infini que constitue l'échange inépuisable et inquiet des regards humains, dont le cinéma tient le registre ouvert, entre menace sceptique et croyance salutaire, *dark side* et *happy end*... Car nous avons follement besoin de nous rassurer, d'être rassurés les uns par les autres et par nos œuvres. « Les gens ne demandent pas aux écrivains des œuvres d'art, ils demandent de l'aide » : par ces mots, Bernard Shaw justifia son rejet de la pièce de Henry James, *The Saloon*. Cependant, comme l'ajoute subtilement Octave Mannoni (1985 : 289), « le genre d'aide dont il est question ne peut venir qu'à travers l'œuvre d'art. » Les films entre autres. « Seule la croyance au monde peut relier l'homme à ce qu'il voit et entend. Il faut que le cinéma filme, non pas le monde, mais la croyance à ce monde, notre seul lien. On s'est souvent interrogé sur la nature de l'illusion cinématographique. Nous redonner croyance au monde, tel est le pouvoir du cinéma moderne (quand il cesse d'être mauvais) », nous dit Deleuze (1985 : 223). C'est que nous les modernes – survivants provisoires de deux guerres mondiales, de plusieurs génocides, de deux crises financières planétaires et d'une crise écologique sans précédent – naviguons entre deux vertiges qui s'entremêlent comme dans les films de Hitchcock :

– le vertige des signes, par lequel, entre jeu et angoisse, arbitraire et menace, un n'importe quoi peut toujours représenter un autre n'importe quoi ! (*DOUBT* inscrit dans la partie de scrabble de *Soupçons* !) ;
– et le vertige du temps, qui passe inexorablement mais aussi revient comme un ressac où le passé rattrape le présent (*Vertigo*).

Hasard et fatalité ne sont pas opposés, ce sont deux figures jumelles qui se changent l'une en l'autre, selon le point du temps d'où l'on regarde : hasard au présent, fatalité après-coup ! Si seulement je n'avais pas fait d'auto-stop ce jour-là (*Détour*, d'Edgar Ulmer)... Si seulement je n'avais pas rendu visite à Mme Dietriechson (*Double Indemnity*, de Billy Wilder)... Si seulement ma voiture n'avait pas crevé devant la villa de Norma Desmond (*Sunset Boulevard*, du même Wilder)... C'est toute la profondeur du film noir d'avoir su capter et mettre en scène cette diablerie, avec ses *flash-backs*, ses prémonitions et retournements, ses jeux de doubles et de double langage : cette logique devenue folle qui fait qu'on aurait pu échapper à ce à quoi il semble, après coup, qu'on ne pouvait pas échapper ! L'Histoire en somme !

25 *Que trahit le regard caméra ?*

> Dès que nous voyons d'autres voyants, nous n'avons plus seulement devant nous le regard sans prunelle, la glace sans tain des choses, ce faible reflet, ce fantôme de nous-mêmes qu'elles évoquent en désignant une place parmi elles d'où nous les voyons : désormais par d'autres yeux nous sommes à nous-mêmes pleinement visibles. (Merleau-Ponty, 1964 : 188)

Nous avons remarqué au début de notre enquête (question 7) que le contexte et la chaîne des interprétants peuvent changer radicalement le sens d'un plan. Nous avons vu que le même gros plan d'un vêtement compromettant, répété à quelques secondes d'intervalle mais partagé par d'autres regards, ne produisait pas la même signification ni le même effet. Le montage peut ainsi changer le sens et la perception d'un plan en le déplaçant, en en modifiant le contexte. Mais il convient d'ajouter qu'aucun angle de vue, aucune tournure de caméra n'a en soi un sens univoque. Même la fameuse contreplongée, réputée glorifier l'avenir radieux et ses héros, peut signifier tout autre chose : n'est-elle pas utilisée comme figure du grotesque par Fritz Lang dans *M le maudit*, ou par Welles dans *La Soif du mal* ? Le « regard caméra », que nous allons scruter maintenant, fournit une palette exemplaire de ces modalisations diverses, voire opposées. C'est, en outre, une figure ô combien révélatrice du dispositif cinématographique et de la créance du spectateur, parce qu'y entrent en collision ou en collusion le monde que l'on filme et le monde d'où l'on filme, le devant et l'en deçà de la caméra.

« Est-ce bien moi que vous regardiez ? » Dans son livre *La Guerre du faux*, Umberto Eco (1985) rapporte le cas de certains téléspectateurs qui écrivent aux présentateurs de télévision pour leur demander si c'était bien eux qu'ils regardaient au fond des yeux (et de leur canapé) tel soir à telle heure à travers l'écran ! Nous pourrions être tentés de faire pareil avec Sylvia Sydney ou Kim Novak, après avoir vu *Sabotage* ou *Vertigo*, quoique, évidemment, ce ne soit pas « en direct » comme à la télé (même si nombre d'émissions sont en faux direct) ! Quoi qu'il en soit, au cinéma mon regard de spectateur n'est pas seulement conduit par la caméra à la façon d'un viseur, il se superpose aux visions des personnages et croise leurs regards à l'écran. Dans un incessant jeu de va-et-vient, je leur rends les regards qu'ils me prêtent, je partage ceux qu'ils s'adressent... quand ils ne me l'adressent pas directement à moi spectateur : cas limite du fameux regard (à la) caméra !

Nous voilà introduits au secret de la séance cinématographique et de sa paradoxale créance, dont le regard caméra (comme la caméra subjective qui en est la figure inverse) nous révèle la mécanique cachée. On dit « regard caméra » lorsqu'une personne ou un personnage filmé regarde vers ou dans l'objectif, volontairement ou furtivement ; ce regard, traversant ou révélant l'appareil de prise de vues, va forcément croiser, au-delà, celui du spectateur... dans un temps différé mais donnant l'illusion de la coprésence. Que se passe-t-il si un acteur regarde droit dans la caméra ? Me voit-il, moi Spectateur, en face de lui ? Non bien sûr ; je n'en ai pas moins l'impression qu'il me regarde à travers l'objectif ou plutôt à partir de l'écran ! (La réalisation de cette impossible communication est le ressort de *La Rose pourpre du Caire* de Woody Allen). Ce regard de l'acteur à la caméra peut certes me (S) toucher ou m'interpeller (à la façon du psychiatre possédé qui s'adresse de face à la salle dans *Le Testament du Dr. Mabuse*, de Fritz Lang). Mais le regard caméra risque aussi de me (S) rendre visibles l'objectif, la caméra, le Filmeur, toute la machinerie cinématographique qui vise à me transporter dans le film et à se faire oublier, à me faire croire à une illusoire coprésence actuelle là où il n'y a que présence fictive des personnages, et absence réelle des acteurs. Et la prise de conscience disruptive de cette absence risque d'en susciter une autre : le spectateur réalise alors sa propre absence au monde filmé et se trouve renvoyé à son monde quotidien, « celui de la brosse à dents, du ticket de bus et du tombeau », comme le dit Welles, dans *F for Fake*. Le regard caméra peut ainsi trahir la frontière imaginaire nécessaire à la quadrature de la fiction, frontière entre en deçà de la caméra et champ de la fiction, champ logiquement et physiquement sans contre-champ (sauf si le filmeur passe devant un miroir ou filme son ombre, comme on peut le voir accidentellement dans la première scène de *Peeping Tom*, ou au contraire volontairement dans l'introduction de *La Jungle plate* de Van der Keuken). Le regard caméra peut donc rompre ma (S) croyance dans le film, me faire sortir du monde filmé et retomber, déçu, dans le monde d'où l'on filme. Voilà pourquoi le regard caméra est en règle générale proscrit, par peur de trahir la promesse de la fiction cinématographique qui lie la créance accordée par le spectateur à la créance demandée par le film.

Il y a, bien sûr, dans l'histoire du cinéma, nombre de transgressions délibérées pour mettre à mal l'illusion spectaculaire ou mal à l'aise le spectateur : Belmondo l'invectivant dans *À bout de souffle*, Woody Allen le prenant à partie, en *a parte*, dans *Annie Hall* ou encore le regard provocant que lui adresse *Monika* d'Ingmar Bergman... Cependant le regard caméra peut fonctionner tout autrement que comme retour de bâton du réel dans la fiction. Au lieu de révéler la caméra et transpercer le spectateur, il peut se renverser vers l'intérieur du personnage, sur le mode du vague à l'âme, de la pensée subjuguante ou du souvenir résurgent, et s'intégrer à la fiction. Il ne s'agit plus alors d'un regard perçant ou traître (provocation ou coup d'œil furtif d'un mauvais acteur à l'objectif, tel Hitch soi-même dans le corridor de l'hôtel au début de *Marnie*) mais d'un regard flottant, rêveur : le personnage regarde, certes, dans l'objectif mais comme on regarde au loin ou en son for intérieur, la caméra est niée en tant que telle par ce regard perdu dans ses pensées, réintégrant l'univers diégétique. Deux exemples frappant chez deux héroïnes de Hitchcock. Dans *Sabotage*, apprenant que son mari est le saboteur et donc la cause de la mort de son frère, Mme Verloc (Sylvia Sydney), après s'être évanouie, se relève et en gros plan regarde droit dans la caméra en réclamant « M. Verloc, je veux voir M. Verloc ! ». Dans *Vertigo*, c'est la célèbre scène de retournement de Judy, qui va révéler qu'elle a leurré le détective Scottie (et le spectateur) en se faisant passer pour Madeleine et qu'elle est complice de l'assassinat. Scottie, subjugué par la ressemblance de Judy avec Madeleine (et pour cause !), l'a suivie jusqu'à sa chambre d'hôtel, elle finit par accepter son invitation à dîner ; sa nuque, avec sa queue-de-cheval auburn, est au premier plan, à l'arrière-plan Scottie referme la porte, le point est refait sur Judy qui tourne lentement la tête vers nous (S), exposant progressivement son visage en gros plan, elle regarde effarée au fond de la caméra ; l'écran devient tout rouge à l'appel de son souvenir du crime qu'un *flash-back* commence à retracer. Si ce regard perdu me touche en tant que spectateur, il ne me fait pas sortir de la fiction pour autant, bien au contraire : il me fait comprendre que Judy est une fille perdue dont je (S) vais maintenant recueillir la confidence, c'est-à-dire que je vais passer de son côté, alors que toute la première partie du film me mettait du côté du détective follement amoureux.

26 *Regards croisés : faut-il dire aux gens de ne pas regarder la caméra ?*

Mais qu'en est-il en documentaire ? Le regard caméra y fonctionne forcément de façon différente, vu que le rapport entre monde filmant et monde filmé n'est pas d'exclusion (comme en fiction) mais d'inclusion ; car le filmeur réel n'a pas le même statut d'invisibilité que le narrateur fictif, il partage *a priori* le même monde réel, commun, que les personnes filmées et que le spectateur. Un étrange essai documentaire, rendant d'ailleurs hommage à *Vertigo*, expose positivement cette différence et la met en scène à de nombreuses reprises : *Sans soleil* (1982) de Chris Marker. « Franchement a-t-on rien inventé de plus bête que de dire aux gens, comme on l'enseigne dans les écoles de cinéma, de ne pas regarder la caméra ? », ironise le commentaire dès la sixième minute, sur des regards caméra appuyés de ces capverdiens perplexes, sur la jetée de l'île de Fogo, ceux-là mêmes qui ont réussi à jeter les Portugais à la mer et provoqué une nouvelle révolution (« la révolution des œillets ») en Europe, en 1974. Il y aura ainsi plusieurs scènes de regards croisés entre filmés et filmeur, au cours de ces lettres tournées « aux deux pôles extrêmes de la survie, le Japon et l'Afrique », que nous lit une voix de femme comme si elle les dérushait à la lueur d'une table de montage. Ainsi, la fameuse séquence des dames de Bissau (à 32' 08") qui tournent le dos ou s'enfuient à la vue de l'objectif. « Apparemment la fonction magique de l'œil jouait là contre moi. C'est sur les marchés de Bissau et du Cap vert que j'ai retrouvé l'égalité du regard, et cette suite de figures si proches du rituel de la séduction : je la vois – elle m'a vu – elle sait que je la vois – elle m'offre son regard, mais juste sous l'angle où il est encore possible de faire comme s'il ne s'adressait pas à moi – et pour finir le vrai regard, tout droit, qui a duré 1/25e de seconde, le temps d'une image. » La coquette du marché de Praïa (à 32' 20") voit qu'elle est vue par la caméra, que Chris la cadre à travers son objectif et les gens qui passent ; après quelques mines faussement indifférentes, elle finit par lui rendre furtivement son regard insistant, droit dans le *zoom*… Évidemment, ce coup d'œil dure plus d'un photogramme dans le film (il en dure 5, soit 1/5e de seconde) sinon il resterait invisible ; et il dure vraisemblablement bien plus encore dans les *rushes*. Mais cette prouesse de montage cinématographique et romanesque rend sensibles au spectateur plusieurs notions poétiques qui sont au cœur de *Sans soleil* (et du cinéma de Marker en général) : le bonheur, l'éphémère, la rencontre, et ce pouvoir magique qu'a le cinéma de conserver et transférer (et nous faire rencontrer à nous, spectateurs présents et futurs), à travers champ et à travers temps, un regard évanoui, « tel qu'en lui-même l'éternité le change ». Ce regard de la belle de Praïa, à la fois volé et accordé, Marker a l'élégance de le lui rendre de façon fort discrète (et même cachée) plus loin dans son film. Sur un mur de téléviseurs à Tokyo, ne voit on pas très furtivement (le temps de 5 ou 6 photogrammes aussi), dans une des lucarnes cathodiques, le visage de Marker à demi masqué par le viseur de sa caméra (00.53'.28") ? Version moderne de *L'Arroseur arrosé*, le filmeur filmé n'est-il pas le contrechamp crypté (en vue d'une époque future où l'on pourrait découvrir les secrets des films image par image) du regard caméra de celle à qui est dédiée la dernière phrase de *Sans soleil* : maintenant que le film entier est entré à son tour dans la Zone où les images sont juste des images, « maintenant il peut fixer le regard de la dame du marché de Praïa, qui ne durait que le temps d'une image. »

S'il est un documentariste (mais il est un peu griot, un peu chaman) qui n'a jamais dit à ses protagonistes (« comme on enseigne dans les écoles de cinéma ») de ne pas regarder la caméra, c'est bien Jean Rouch. Il filme au contraire – avec les regards, adresses et interactions qu'elles impliquent vis-à-vis du filmeur et du spectateur – leurs auto-fabulations, c'est dire la façon dont leur imaginaire investit et interprète le réel, métissant la réalité documentaire avec les révélations de la fiction (qu'il s'agisse de *Moi un noir*, de *Jaguar*, de *Chronique d'un été*, etc.). Ici, le sens du regard caméra s'inverse : loin de mettre en péril la créance du spectateur, comme dans la fiction classique, il certifie, par l'adresse ouverte à la caméra, la présence consciente de la personne et l'authenticité de ses paroles, sa participation originale au jeu et à la vérité du film, au jeu de la vérité activé par le filmeur à l'usage du spectateur.

Un autre cinéaste utilise le regard caméra des protagonistes pour briser les fausses conventions de la fiction et du reportage TV à la fois, et modifier la créance du spectateur. Il cherche à subvertir la « monoforme » tant hollywoodienne que télévisuelle, en interpellant le spectateur par cette transgression qui vise à activer sa prise de conscience de la re-présentation, de ses leurres et de ses enjeux politiques. Il le prend à partie par un double-jeu délibéré. Peter Watkins passe pour le champion du « faux documentaire », mais l'expression est inadéquate. D'un trompe-l'œil, on ne dit pas qu'il est faux; il met en scène une illusion d'optique pour nous y prendre puis nous dessiller et nous la faire comprendre. De même les films de Watkins ne trompent que transitoirement pour mieux nous alerter et nous détromper, et ils veulent détromper doublement, quant à l'Histoire (politique) et quant à la fausse évidence audiovisuelle (ce que Watkins nomme « *la monoforme* »). Ne dirait-on pas que Watkins utilise les deux formes de « détromperie » en sens inverse et complémentaire : il nous trompe par des formes de persuasion documentaire pour nous alerter, « comme si c'était vrai », sur les dangers potentiels de la guerre atomique (*La Bombe*) ou d'une dictature aux États-Unis face à la contestation de la guerre du Vietnam (*Punishment Park*). Inversement, il déjoue la *monoforme* standard de la fiction, ses clichés faussement réalistes et sa dramatisation univoque à suspense, par des adresses para-documentaires contredisant le credo fictionnel : regards caméra, adresse directe du protagoniste au spectateur, commentaire cru (c'est-à-dire plus qu'objectif), interviewes à des époques où le cinéma était loin d'exister (*La Bataille de Culloden*, *Edvard Munch*, *La Commune*).

27 *Regards convergents : du fond de l'écran n'est-ce pas moi qu'ils regardent ?*

On pourrait dire d'*Edvard Munch, la danse de la vie*, que c'est une « fausse » fiction ou, si l'on préfère, un documentaire de l'imaginaire. Il est frappant que presque chaque plan, loin de poursuivre l'action du précédent à la façon d'un découpage, installe une autre scène comme autant de parallèles qui vont progressivement s'entrelacer, et viennent toutes se croiser dans le regard du spectateur que les acteurs regardent ostensiblement, soit frontalement, soit comme en *a parte*. Ni séquences, ni scènes, un entrelacs de tableaux et saynètes avec des récurrences tissant des motifs, des souvenirs ou des images mentales. La figure de base qui ordonne habituellement l'espace d'interaction propre à la fiction est exclue : pas de champs/contrechamps entre les acteurs. Au contraire, le contrechamp de tout le film, auquel s'adressent volontairement les regards des acteurs (comme dans les tableaux de Munch), c'est l'en deçà de la caméra, où se tient le spectateur pris à témoin et à parti.

Ainsi communiquent étrangement le monde que l'on filme et le monde où l'on filme, et voilà brouillées les frontières convenues entre fiction et documentaire, réel et imaginaire. Les raccords des regards opèrent non plus dans un champ clos (l'univers diégétique fictionnel) mais à travers temps et lieux et à différents niveaux d'adresse au spectateur, défiant la chronologie et superposant la représentation du monde de l'époque, la reconstitution faite par Watkins, avec ses figurants norvégiens, en 1973, et le monde d'où s'exerce ma (S) vision actuelle. L'interférence entre ces trois niveaux, ces trois époques, rend en même temps sensible leur distance et inverse sans cesse l'impression tantôt documentaire, tantôt fictionnelle produite par les images, le spectateur tantôt s'immergeant dans la biographie fictionnelle, tantôt s'interrogeant sur la re-présentation qu'en produisent les modèles de Watkins, tantôt encore observant, comme dans un film d'art, la création et la technique si bien documentées de Munch. La mise en scène de Watkins, et son montage, visent non pas la reconstitution chronologique et dramatique d'événements biographiques mais la constitution du temps intérieur d'une mémoire imaginaire partagée, vase communicant entre la nôtre (S) et celle de Munch, à travers l'imagerie de son époque et de son œuvre. L'ambition et la méthode annoncent celles du Marker de *Sans soleil* et *Immemory* : « dessiner les contours de la carte du pays imaginaire qui s'étend au-dedans de nous. »

Quelles sont les temporalités qui se trouvent ainsi entrelacées par le montage et la narration, et intériorisées par le spectateur ?
- la chronologie historienne « objective », tenue par une voix off « *very british* », savante et dégagée ;
- la chronique familiale, articulée par cette même voix encyclopédique, par des citations des carnets de Munch et par des interviews des personnages « *in* » ;
- le temps subjectif, psychique d'Edvard, relaté par sa voix *off* en norvégien (extraits de ses carnets où il parle souvent de lui à la 3e personne) ;
- le temps de l'évolution picturale de Munch à travers sa technique, ses tableaux, ses expositions ;
- et surtout, englobant tous les autres, le temps contemporain, c'est-à-dire la convergence, à travers les regards caméra et les interviewes, du présent reconstitué de l'époque passée, du présent du tournage (1973) et du présent de ma vision de spectateur ; cela produit un effet de coprésence du spectateur au tournage (comme si les scènes se jouaient devant nous) et de contemporanéité fictionnelle avec les situations d'époque représentées, tout en en rendant évidents l'artifice et donc la distance. Ainsi *Edvard Munch*, « chef-d'œuvre et Ovni » selon Igmar Bergman, réussit à entremêler histoire et mémoire, c'est-à-dire, montage horizontal et montage vertical comme le pointe Gilles Deleuze (1985 : 132), citant Péguy : « L'histoire est essentiellement longitudinale, la mémoire est essentiellement verticale. L'histoire consiste essentiellement à passer le long de l'événement. La mémoire

consiste essentiellement, étant dedans l'événement, avant tout à ne pas en sortir, à y rester, et à le remonter en dedans. »

28 *Sommes-nous aussi heureux qu'à l'image ?*

Pour revenir à la pure fiction, il y a dans *Rebecca*, une scène aussi déchirante qu'ingénieuse, qui confronte au regard caméra non seulement le spectateur mais les personnages eux-mêmes (le couple de Winter, joué par Laurence Olivier et Joan Fontaine). C'est une scène qu'on pourrait dire du « Cupidon brisé » ou du « film de famille rompu », où l'image du bonheur projetée par les protagonistes se déchire devant leurs propres yeux, atteints par la malédiction. Une malédiction qui a un nom : Rebecca, mais pas de visage (si ce n'est celui de son sévère substitut, la gouvernante, Mme Danvers) ; malédiction qui opère sur une jeune femme qui a un visage (joli) mais pas de nom (tout au long du film).

La jeune fille sans nom devenue Mme de Winter a revêtu une robe du soir noire, commandée à la ville, dont le chic accuse, avec sa collerette de fleurs blanches, sa gaucherie, ce qui fait rire son mûr mari, Max, impeccable dans son smoking. Ils se projettent leur film de voyage de noces en France, façon mélodie du bonheur. Mise en abyme du petit écran familial à l'intérieur de notre (S) grand écran : la jeune épousée apparaît à genoux au milieu des oies ! et regarde la caméra, souriante et un peu craintive. Évidemment la caméra qu'elle regarde n'est pas « la nôtre », pas celle de Hitchcock qui reste invisible, mais celle que tenait son mari fixant ces moments d'un bonheur naissant. C'est ensuite Max de Winter qu'on voit sur le petit écran lâcher ses jumelles pour s'adresser à la caméra que tient maintenant sa nouvelle femme, il lui tire même la langue par facétie. Elle réapparaît attablée derrière une nappe à carreaux, faisant un signe de refus amusé à la caméra de son mari. « Notre lune de miel n'aurait jamais dû finir » commente, nostalgique, la jeune femme en robe noire revoyant ces scènes ; à ce moment le film se déchire et Max éteint le projecteur pour recoller les morceaux. Arrive le majordome qui annonce que Mme Danvers accuse un domestique d'avoir volé la précieuse statuette de Cupidon. *Travelling* avant qui isole Joan

Fontaine paniquée : elle finit par avouer à son mari que c'est elle qui a cassé Cupidon et que les morceaux (qu'elle a cachés dans un tiroir) ne sont pas recollables. Le spectateur le sait déjà pour l'avoir vu, mais se trouve d'autant plus atterré par ce rebondissement que ce ridicule aveu de faiblesse a lieu en présence de Mme Danvers venue éclaircir l'affaire ! Inexorablement maintenant, cette déchirure (du film, de Cupidon, du bonheur) va s'agrandir, ce que Hitchcock met en scène par les échanges de regards de M. et Mme de Winter dans la pénombre de la projection, regards à la fois entre eux et sur eux, sur leurs propres images d'un heureux hier qui semble maintenant s'éloigner à la vitesse d'une comète. « J'espère que ça va tenir », dit Max en relançant le projecteur après l'incident, phrase qui résonne plus comme une menace que comme une promesse. Les voilà non pas réunis mais séparés par le petit écran de leur bonheur en fuite, et par « les racontars » comparant la nouvelle Mme de Winter (si niaise) à l'ancienne (si impériale), l'ombre de Rebecca s'abat sur le couple. Au moment où réapparaît l'image de la jeune mariée au milieu des oies, Max s'interpose devant l'écran, dans un clair-obscur menaçant (tout droit sorti de l'expressionnisme allemand), fixant méchamment sa femme dans les yeux, qui l'implore de ne pas la regarder comme ça ; alors qu'il rallume la lumière, la dernière image du petit écran familial le montre regardant dans ses jumelles ! « Notre mariage n'est-il pas une grande réussite ? Nous sommes heureux, n'est-ce pas ? » implore la jeune femme désemparée, sans obtenir de réponse de l'homme qui maintenant lui tourne le dos et déclare « ne rien connaître au bonheur ». Il éteint la lumière, elle reste pétrifiée dans le halo du projecteur qui, reprenant sa course, exhibe (à eux et nous) les jeunes mariés de naguère s'embrassant et souriant en regardant la caméra, autoscopie d'un bonheur évanoui. Fondu au noir.

Que voit-on si on ne sait ce qu'on voit ?

Tel Turner, Elstir peint ce qu'il voit, non ce qu'il sait. « *Son effort,* nous dit Proust, *est de ne pas exposer les choses telles qu'il savait qu'elles étaient, mais selon ces illusions d'optique dont notre vision première*

> *est faite.* » Mais ce savoir, Elstir le partage avec nous. Quand nous regardons son tableau, nous ne sommes pas trompés par l'illusion d'optique. Faisant comme le peintre, nous séparons notre vision de notre savoir : nous apprenons que notre perception de la mer, depuis un certain point de vue, nous la fait placer là où elle n'est pas, dans le ciel. Bien sûr si tout ce que nous savons du monde nous venait de la perception visuelle, nous n'aurions aucune raison de ne pas croire que la mer est au ciel chaque fois que nous l'y voyons. Mais, dans cette hypothèse, nous ne vivrions pas dans un monde, mais dans un pur espace visuel. (Descombes, 1987 : 266)

Ce que nous voyons de fait, et cela se construit très vite dans l'apprentissage humain, ce ne sont pas des impressions visuelles purement spectaculaires mais un monde d'objets et d'individus dans lequel nous nous mouvons et interagissons. Certes, voir n'est pas savoir puisque nous pouvons être trompés (de façon inconsciente ou consentante) par des illusions d'optique – et nous pouvons jouer de façon « impressionniste » à nous en tenir (ou à nous forcer) à ces impressions non corrigées (« premières » ou abstraites ?) – mais notre voir est très tôt structuré par un savoir, tiré de l'expérience et de l'apprentissage qui le complète, s'y agglomère en l'enrichissant automatiquement de l'apport des autres sens et des leçons de l'action. Il est significatif, et paradoxal, comme le constate Lichtenberg (Bouveresse, 1995 : 264), qu'on doive faire un effort d'abstraction (et pas toujours couronné de succès) pour atteindre à cette vision soi-disant première, cette impression visuelle « pure », dénuée d'orientation-interprétation pratique et de toute synesthésie. Si l'on vous présente une photographie d'un oiseau par exemple, vous voyez tout de go l'oiseau, avant de distinguer éventuellement les points noirs et blancs ou colorés qui composent l'image. « Que regardes-tu ? La photo. Que vois-tu ? L'oiseau. De quoi est fait l'oiseau ? De plumes... – Non de pixels ! » En outre on ne fera ni ne verra la même photo ou le même dessin de l'oiseau suivant qu'on est ornithologue ou touriste ou artiste. Ce qui est important ou significatif ne sera pas vu ni sélectionné suivant les mêmes critères. (Cela n'interdit pas à un touriste d'être artiste, ni à un artiste d'être ornithologue !). La vision comme contemplation – que tant de philosophes ont idéalisée comme modèle de connaissance et qui reste le credo mass-médiatique – est un mythe, elle n'existe tout simplement pas car notre vision est (heureusement) très tôt investie par le sens du mouvement (Berthoz, 1997) et de nos actions. Il revient à la philosophie pragmatiste (depuis Peirce et James, Wittgenstein et Dewey) d'avoir su remettre la pratique et l'interaction – et sa forme principale dans les communautés humaines : le langage – au cœur de l'analyse de nos façons de voir et penser. Ce qui pour nous articule existence et sens (au double sens du mot justement), c'est bien l'action et l'expression : nos actes et leurs conséquences. Le partage du monde.

Pourquoi la vie n'est pas un roman ?

Maintenant qu'en est-il au cinéma ? L'expérience sensorielle de la séance de cinéma nous (S) dispensant de toute action et nous soustrayant à tout autre sens que la vision/audition, nous livrerait-elle accès à cette vision première, cette pure impression visuelle (revendiquée par les impressionnistes et leurs admirateurs, comme Proust) ? Expérimenterions-nous là « un pur espace visuel et non pas un monde », pour suivre l'hypothèse de Descombes ? Évidemment non, puisque la prise de vue comme prise de vie (à l'exclusion donc du dessin animé et de l'image de synthèse) vient opérer et s'enlever dans un réseau figuratif de choses, décors et actions relevant de notre monde historique commun. Même si elle le transpose en jeu d'images bidimensionnelles et en fiction, il s'agit bien, pour le spectateur, du monde reconnaissable et vraisemblable de nos conduites (et non pas seulement d'impressions visuelles). En ce sens, toute prise de vue « réelle » (documentaire ou fiction) relate et relève d'un monde organisé qu'il ne s'agit pas seulement de voir mais de comprendre. Cependant, ce qu'il s'agit de comprendre au cinéma, ce n'est pas seulement le monde aléatoire qui nous entoure pour y agir, c'est l'action toute faite qui s'y déroule, l'histoire qui y est développée à notre intention de Spectateur.

Car le monde filmé se trouve doublement organisé : une fois comme monde réel (historique) ou supposé (diégèse) préexistant au sujet du film et lui donnant son arrière-plan ; une deuxième fois comme intrigue montée à notre intention (S). C'est cette deuxième organisation : ces choix d'action faits à notre place, ces événements déjà retenus (et montrés) comme significatifs et la vectorisation prévue de leur déroulement, qu'on appelle récit ou drame, et qui marque une distinction radicale d'avec notre réalité ambiante, en éliminant sur le champ le hasard, les aléas et toute possibilité de choix ou d'interaction. Voilà pourquoi la vie ne saurait être un roman ou un film ; la fiction narrative condense le sens et lui confère une fin, en mettant l'existence (qui peut s'interrompre mais n'a pas de fin) entre parenthèses. Ainsi la vision que nous avons d'un film, « téléguidée » par cette surdétermination et cette coupure, n'est pas de même nature que la vue que nous exerçons dans la rue. Cela ne veut pas dire pour autant que le film serait pure distraction, sans aucun effet sur notre morale et nos comportements. Au contraire, comme toute œuvre artistique et plus spécialement dramatique, il détient un pouvoir hautement moral en ce qu'il concentre des questions de confiance sur nos conduites, à proportion des intentions qui le composent et des aspects esth-éthiques originaux qu'il nous découvre et qu'on y découvre.

31 *(Perce)voir ou (conce)voir ?*

> Pour percevoir le monde, nous dépendons autant de nos catégories/analogies que de nos yeux ou de nos oreilles. [...] Ainsi existe-t-il un lien indissociable entre percevoir et concevoir. D'un côté nos conceptions dépendent de nos sens, car nos concepts seraient différents si notre appareil sensoriel était différent ; d'un autre côté nos perceptions dépendent de nos concepts, car ceux-ci constituent les filtres à travers lesquels n'importe quel stimulus issu de notre environnement atteint notre conscience. (Hofstadter, 2012 : 30, 213)

Qu'est-ce que voir ? Comment perçoit-on le monde, et nos propres sensations ? La question – une des plus anciennes de la philosophie et qui connaît un regain aujourd'hui à la lumière de la philosophie de l'esprit et des neurosciences – est d'importance quant à la relation intérieur/extérieur (moi/monde), et à l'articulation entre percevoir et concevoir. La perception est-elle déjà épistémique ? Est-elle plus ou moins conceptuelle, ou pas du tout ? Voir est-ce recevoir ou concevoir ? Nous n'avons pas l'ambition de trancher cette question complexe qui fait l'objet d'argumentations approfondies et divergentes. Contentons-nous d'en condenser l'enjeu par une formule tirée des *Remarques sur la philosophie de la psychologie*, de Wittgenstein (1994 : § 869) : **nous ne voyons pas seulement des formes mais des significations.** Joachim Schulte (1993 : 84) explicite au mieux cette remarque : « Quand le mot "voir" est employé normalement, nous parlons de voir des arbres, des maisons, des autos, des enfants, etc. Dire simplement que je vois un "objet" ou une "chose" est légitime et intelligible, mais uniquement dans un contexte qui pour tout le reste est bien défini. Il peut ainsi m'arriver de dire : je vois un objet à gauche de cet arbre-ci, derrière cette maison-là. Mais nous ne disons pas et ne pouvons pas dire : "je vois un objet à gauche de cette chose-là et derrière cette chose-ci." L'exclusion de ce genre d'énoncés ne signifie pas seulement que le langage de la perception ne pourrait pas fonctionner de cette façon, mais que, dans ce cas, nous ne pouvons même plus du tout parler de perception, car la perception ne signifie pas voir ou entendre de pures *Gestalten* (formes) sans autres caractéristiques. Non. **Percevoir implique qu'on perçoive que les choses sont ceci ou cela; et c'est précisément ce fait qui rend possible que, dans certaines circonstances, on puisse voir une seule et même chose comme ceci ou comme cela.** »

Peut-on voir quelque chose sans (sa)voir ce que c'est ? Notre vision est-elle toujours informée ? Et sinon que voit-on ? Une réponse que propose la « phénoménologie linguistique » (pour reprendre l'expression « impraticable » de John Austin) consiste à déplacer et recontextualiser la question : comment décrivons/décririons-nous ce que nous voyons dans tel cas ? Voir, c'est toujours voir sous un certain aspect, même si cette vision semble déborder notre capacité conceptuelle et descriptive. La chose m'apparaît comme ci ou comme ça suivant la situation, et selon la description qu'engage (ou suppose) cette disposition. Sachant qu'il n'y a pas une unique description idéale, et qu'aucune description ne saurait épuiser les circonstances (même s'il y a des descriptions meilleures que d'autres, et si certaines sont erronées). Voilà qui explique ce paradoxe apparent, que l'objet ou le fait reste inépuisable et malléable, irréductible à ses aspects, quoiqu'il ne puisse jamais apparaître et être montré que sous certains aspects. Ce qui explique aussi pourquoi il est toujours révisable et recombinable, disponible pour de nouvelles saisies. « Posée dans l'absolu, commente Jean-Jacques Rosat (Bouveresse/Rosat, 2003 : 236), la question "jusqu'où va le voir et où commence l'interpréter ?" n'a aucun sens. Il n'y a pas de phénoménologie, comme le dit Wittgenstein (1983 : III § 248), parce qu'il n'y a rien qui soit la description du monde tel que je le trouve. Mais il y a bel et bien des problèmes phénoménologiques, parce qu'il y a diverses manières de décrire ce que je vois, parmi lesquelles certaines induisent la description de la manière dont les choses m'apparaissent, qu'il s'agisse des impressions visuelles ou qu'il s'agisse des aspects et significations. »

Selon Wittgenstein, plutôt qu'une disposition, qu'une capacité que l'on peut exercer (comme penser, croire, se représenter…), « voir est un état », soumis à la durée et indépendant de notre volonté : nous ne choisissons pas la couleur du ciel que nous voyons ce matin, ni de voir les voitures qui roulent dans l'avenue devant nous. Et heureusement ! Si nous pouvions voir les choses comme nous le voulons (à la façon des pensées ou représentations qui relèvent de la volonté), un accident serait vite arrivé. Témoignent de cet état imposé du voir, certaines illusions d'optique (celle de Müller-Lyer par exemple) qui persistent même après constat du mécanisme illusoire : l'illusion visuelle résiste à la compréhension démystificatrice. Nous continuons de voir la flèche avec pointes orientées vers l'intérieur plus longue que celle avec pointes vers l'extérieur, même si nous les avons mesurées et les savons égales. **Le (perce)voir ne fonctionne pas comme une inférence.** Austin (2007) constate de façon amusante que je peux voir dans les traces laissées par un animal des signes que j'interprète comme signalant un cochon, mais quand le cochon est devant moi, je ne vois pas des signes que j'interprète comme un cochon, je vois tout bonnement le cochon ! « Voir c'est voir » reprend Jocelyn Benoist (2009), dans la foulée de John Austin qui soulignait que « *nos sens sont muets* », ils ne nous représentent rien et nos perceptions n'ont à proprement parler pas de contenu épistémique, car elles n'ont pas de contenu du tout, et ne sont ni vraies ni fausses. Les choses ont exactement l'air de ce qu'elles sont dans la situation donnée (qui peut être une situation de jeu d'optique ou de déguisement). Je vois ma canne coudée quand je la plonge dans l'eau, et c'est bien ainsi que nous voyons les objets à demi-immergés, sans croire pour autant que la canne est brisée. Dire qu'il s'agit là d'une illusion qui « déforme la Réalité » dépend du fait que nous vivons habituellement dans l'air. Un humanoïde amphibien vivant sous l'eau qui brandirait la canne hors de l'eau (telle Excalibur) verrait la même illusion d'optique d'en dessous de la surface et dirait que « l'air déforme la réalité ». Nos sens ne nous trompent pas, affirme Austin, il n'y a là aucune illusion dans la mesure où un bâton à demi-immergé apparaît exactement comme ça à la vue des êtres humains. Ajoutons que nos sens ne nous disent pas non plus la vérité, car ils ne nous disent rien du tout. Simplement la perception est toujours située, comme le souligne Benoist (2009 : 61) ; et si « voir » n'a qu'un seul sens aux yeux d'Austin, il y a bien des façons de voir (*ways to see*), c'est-à-dire des circonstances constitutives de la perception qui peuvent différer, et donc des variantes dans leur description et leur usage.

N'est-ce pas jouer sur les mots que de soutenir d'un côté que « voir » n'a qu'un seul sens, et d'un autre qu'on peut voir différemment la même chose ? Selon Benoist (*ibid.* : 74), on peut effectivement parler de différences de modalités dans une même perception, eu égard aux différences de ce qu'untel ou untel peut ou sait en faire. « Ce qu'Austin découvre au bout de son analyse, non sans un mouvement de recul, c'est donc un regard au cœur même de ce voir dont il a tant mis en avant l'univocité. Si univoque que soit le voir, il n'exclut en rien les distorsions d'un regard. [...] Et si de tels effets de regard sont possibles et inévitables, c'est que la perception témoigne d'une étrange sensibilité à son usage, aux techniques ou autres compétences du sujet qui l'exerce. Notre façon de l'effectuer est toujours tributaire de ce que nous pouvons ou voulons en faire. » Nous avons tous vu le même film à la même séance, c'est certain, mais il est non moins probable que nous ne l'ayons pas tous vu de la même façon ; nous n'en avons pas la même impression, la même analyse ni le même usage, suivant nos intérêts et questionnements qui dépendent des expériences, connaissances, souvenirs et attentes de chacun. Ces nuances et différences qu'introduisent l'usage et la technique dans la perception, poussent Benoist à rapprocher les « façons de voir » d'Austin du « *voir-comme* » de Wittgenstein. (Nous reprendrons plus loin – question 34 – la superposition/distinction voir/regarder.)

32 *Qu'est-ce que* « voir-comme » *?*

Ce que développe, avec beaucoup de pénétration, Wittgenstein à propos du « *voir-comme* » – voir une chose « comme ceci ou comme cela » (il ne s'agit pas de voir comme quelqu'un d'autre ou à sa place) – c'est cette expérience troublante du changement d'aspect à vue pourrait-on dire : je vois maintenant la même chose autrement, je vois ce même dessin tantôt comme un canard, tantôt comme un lapin. « Ce qui est incompréhensible, c'est que rien n'a changé et pourtant tout a changé » (Wittgenstein, 1994 : § 474). Par quoi le *voir-comme* se rapprocherait d'une représentation et s'assimilerait non plus seulement à un état comme le voir simple, mais à une disposition (telle que penser, imaginer). Ce qui fait la spécificité et l'intérêt du *voir-comme*, c'est qu'il semble occuper une position intermédiaire entre la pensée et le voir, il est « comme une résonance inarticulée d'une pensée » (Wittgenstein, 1989 : § 1036). Les *Recherches philosophiques* (2004 : II.xi, 298) parlent de « l'écho d'une pensée qui résonne dans le voir » ou encore de « l'expérience vécue d'une comparaison ». « Le *voir-comme*, commente Bouveresse (1995 : 367), nous fait ainsi expérimenter une possible distinction, dans l'impression visuelle, entre un élément, l'image visuelle, qui ne change pas et un autre, qu'on pourrait appeler un « concevoir » ou une façon de voir, qui peut changer. Il y a donc quelque chose comme une *façon de voir visuelle* dont je ne suis pas conscient », sauf justement en cas de changement d'aspect. Ce qui change dans le passage d'une vision à l'autre, ce ne sont pas des propriétés ou des déterminations physiques de l'objet, mais la fonction de certaines composantes. « En d'autres termes, explique Chiara Pastorini (2011 : 266), si l'impression visuelle renvoie aux propriétés d'un objet, le *voir-comme* renvoie à des relations internes qui connectent un objet avec d'autres objets. » En cela **le *voir-comme* n'est pas réductible à un organe des sens, il défie l'isomorphisme psycho-physiologique, il est à la fois une vision et un jeu conceptuel, qui appelle un concept de sensation modifié, enrichi de tout un potentiel de résonances sensuelles et sémantiques.** Et Wittgenstein rapproche le *voir-comme* de « l'expérience vécue de la signification d'un mot », c'est-à-dire de la capacité à saisir (en même temps) un sens secondaire, tout comme on saisit une ressemblance entre deux visages ou la mélancolie d'une mélodie. L'aveugle à l'aspect est d'ailleurs comparé à celui qui ne comprend pas les jeux de mots ou n'a pas l'oreille musicale. Inversement bien sûr, il n'y aurait aucun sens à prétendre que tout voir serait un *voir-comme* ou une interprétation (ce qu'avancent les tenants de « l'herméneutique illimitée » pour reprendre la formule ironique d'Eco, 1997b). S'il n'y avait un voir simple (un « voir c'est voir »), il n'y aurait tout simplement pas de *voir-comme* (il serait stupide de dire « je vois cette cuillère comme une cuillère »).

« Dois-je donc dire que le *voir-comme* est un phénomène qui se situe entre le voir et le penser ? Non : mais un concept qui se situe entre celui du voir et celui du penser, c'est-à-dire a une ressemblance avec les deux ; et des phénomènes qui sont apparentés à ceux du voir et à ceux du penser (par exemple, le phénomène de l'Expression : "Je vois le F regarder vers la droite") » (Wittgenstein, 1994 : 462). Nous voilà ramenés à la remarque qui inaugure la deuxième partie des *Recherches philosophiques*, sur les deux emplois ou « objets » du mot voir : « Voir ceci. Voir une ressemblance. » Wittgenstein nous ouvre ici un accès à cette notion déterminante, si familière et énigmatique à la fois, qu'est l'Expression. Comme le dit Vincent Descombes (1995 : 33) : « Les phénomènes de l'esprit ne sont pas originairement internes, ils sont directement donateurs ; ils sont des expressions, pas des effets, de ce qu'ils rendent manifestes. » Une telle psychologie descriptive (de l'expressivité) s'oppose à la psychologie explicative des états d'esprit (internes), de la même façon que les raisons aux causes, le portrait au portrait-robot, l'histoire à l'information.

33 *Vois-je le film ou le monde filmé ?*

Au cinéma, ne s'agirait-il pas forcément d'un *voir-comme* permanent plutôt que d'un voir simple, en raison de la pré-vision des plans et de leur montage par un regard (celui du cinéaste) qui a précédé et détermine le mien (S), c'est-à-dire du fait qu'à l'écran je vois non pas des choses ou un état de choses, mais des représentations, des aspects choisis des choses et événements, des vues orientées déjà remplies de sens (faisant récit) ? Je vois donc double :

je vois (au sens du voir simple) le monde à l'écran tel que je vois le monde et ses objets d'habitude, et je les reconnais instantanément, mais je vois aussi les images comme des signes intentionnels que je dois comprendre, des représentations (au sens pictural ou théâtral) d'**un** monde qui est celui construit par le film et son intrigue. Je vois l'écran et l'image sur l'écran de la même façon que je vois les murs et les fauteuils de la salle, parties effectives du monde que j'habite ; mais je vois aussi les images à l'écran comme un microcosme ajouté et condensé (représentationnel) déroulant une histoire déjà faite qui m'émeut fatalement et « pour de rire » (sans conséquences directes), alors que le monde effectif où je me meus m'implique aléatoirement et pour de bon (ça porte à conséquences). Je peux lancer une tomate sur l'écran sans altérer le déroulement du film ni perturber le monde représenté ; en revanche, je devrai m'expliquer, au sens verbal et physique, avec les autres spectateurs qui n'apprécieront pas forcément mon geste.

Pendant la projection cinématographique, mon voir simple (je vois l'écran, mon voisin, le plafond de la salle...) s'accompagne forcément d'un *voir-comme* dans la mesure où mon regard est pré-vu et prescrit par la position de la caméra, la composition du plan, l'intersubjectivité des personnages, le rythme du montage. Le sens qui se trouve là, inscrit dans le visible, n'est pas seulement celui des choses et instruments qui m'entourent, celui des comportements à la fois réglés et aléatoires des gens autour de moi comme dans la réalité, c'est un sens déjà ordonné en vue d'une fin prévue : pas forcément le fameux *happy end* mais en tout cas la compréhension synthétique d'une histoire et de ses enjeux déjà joués. Et moi spectateur – c'est ce qui différencie les œuvres d'art des jeux – je n'ai aucun rôle, aucune action, à y jouer, si ce n'est de regarder, écouter et comprendre. Mais cette inaction n'est pas sans enjeu, elle n'est pas une contemplation passive, car ma compréhension sensible des actions représentées et mon empathie avec les acteurs reposent sur des schémas moteurs et affectifs interactionnels, des mobiles intentionnels et des motifs éthiques communs. Voilà pourquoi le cinéma est un spectacle moral.

Ainsi le don de double-vue du spectateur, qui voit à la fois de son point de vue et à travers celui des personnages, se trouve-t-il porté au carré : je (S) vois le film projeté comme récit, fabrication achevée du cinéaste, en même temps que je vois le monde filmé de la même façon que je vois le monde réel. Ce voir simple ci et ce *voir-comme* là se combinent à travers mon regard sur l'écran, si bien que tout film projeté se voit doté concomitamment et indistinctement d'un effet de réel et d'une dose d'imaginaire sans équivalent.

34 *Vous ne pouvez partager mon mal de dents, mais ma vision ?*

Pour donner suite aux considérations de Wittgenstein et d'Austin sur le voir et « les façons de voir », peut-être convient-il effectivement d'ajouter au voir en tant qu'état (« voir c'est voir »), l'exercice du regard comme disposition et activité volontaire. Ainsi pourrait-on dire qu'il y a un double sens à voir, deux modes coexistants : la vue et la visée, un (rece)voir et un (conce)voir, un voir passif et un voir actif (un regarder voir), entremêlés et différemment dosés suivant les cas – sachant que le premier est toujours là, dès qu'on ouvre les yeux, et le second pas toujours, mais que le premier ne saurait se constituer pleinement sans l'action du second, comme le constate Oliver Sachs dans *L'Œil de l'esprit* (2011 : 252) : « car il n'y a pas de perception sans action, et donc pas de vision sans regard. »

Par extension ne peut-on distinguer dans l'usage et la grammaire de nos sens, des formes relatives à un exercice (tel « exercer un regard »), que l'on peut donc faire partager, et des formes passives exclusives, personnelles et non partageables (si ce n'est au figuré, par empathie). Il est clair que mon mal aux dents est mien et que je ne peux vous le faire ressentir (même si vous compatissez). Vous pouvez l'imaginer mais pas l'éprouver ; et c'est le cas pour toute douleur. En revanche je peux attirer votre regard sur telle image, votre ouïe sur tel son ou votre odorat sur tel parfum, en misant sur le fait que vous allez l'éprouver comme moi, en même temps que moi. Le critère distinctif ici est la possibilité d'utiliser ou non l'impératif. « Regarde. Écoute. Hume ! » traduisent des perceptions activement partageables sur un mode collectif. En revanche, les verbes désignant des sensations passives, intérieures et toutes personnelles comme entendre, avoir mal ou ressentir… ne se conçoivent pas à l'impératif. On ne peut ordonner à quelqu'un : « Entends ! Ressens ! Souffre ! » On ne commande pas un état, mais l'exercice d'une capacité oui, ce qui pour le coup peut provoquer un état partagé. Notons que la réponse positive aux impératifs de la première catégorie (« regarde, écoute, hume ! ») se fait généralement dans les termes de la seconde : « Je vois. J'entends. Je sens », preuve de la dialectique entre perception active et sensation passive, et des interactions interpersonnelles entre collectif et singulier, soi et les autres. Ces expériences perceptives ou sensuelles que l'on peut (à la différence d'une douleur) partager ou faire partager sur le champ relèvent de ces sens qu'on pourrait qualifier d'atmosphériques, et elles peuvent se pratiquer en public : on regarde un spectacle, on écoute un concert ensemble et, quoique les concerts d'odeurs soient rares, on peut déjà aller au restaurant entre amis.

Loin du « mythe de l'intériorité », avec son égocentrisme fondamental et ses sensations et pensées « privées », nous constatons plutôt que « sensation » et « perception » impliquent interaction et monde commun, va-et-vient indissociable entre extérieur et intérieur, impression et expression, à part et partagé (partageable). La difficulté tient ici à un usage des mots trompeur ou plutôt à la psychologie commune (depuis Descartes) qui le commande : de fait, subjectif n'est pas synonyme de privé et objectif ne signifie pas forcément extérieur. « Subjective » peut désigner aussi bien une sensation individuelle, toute personnelle (c'est le cas du mal aux dents) qu'une sensation partagée, ainsi du froid ambiant par exemple, que chacun ressent pour soi mais tous également, et qui a donc tout d'objectif (relativement à notre homéothermie). Ma perception est bien subjective, dans la mesure où c'est bien la mienne pas la vôtre, c'est bien moi qui vois de mes yeux la pomme rouge, c'est une sensation personnelle mais cela ne veut pas dire que c'est une sensation privée dans la mesure où, dans les mêmes conditions, vous percevez aussi la pomme rouge, ce qui veut bien dire qu'une telle perception est objective, et partageable comme la pomme, c'est-à-dire que nous avons bien un monde commun… s'il était besoin de le démontrer ! Comme le dit Wittgenstein (1984 : § 47) : « L'évidence du monde s'exprime justement dans le fait que le langage ne signifie et ne peut signifier rien d'autre. » Ou encore : « L'accord, l'harmonie entre la pensée et la réalité réside en ceci que, lorsque je dis faussement que quelque chose est rouge, cette chose n'est pourtant pas rouge. Et quand je veux expliquer à quelqu'un le mot "rouge" dans la phrase "ce n'est pas rouge", alors je désigne quelque chose de rouge » (Wittgenstein, 2004 : § 429). C'est pour cette raison aussi que mon chien Médor ne pourra jamais réaliser qu'il est daltonien, alors que mon ami Jean, oui.

« Le point de vue, souligne Descombes, est un point où n'importe qui peut en principe se placer (il a le caractère public, ouvert à tous, d'un lieu d'observation) » (1987 : 50). Amartya Sen (2010 : chap. 7) va dans le même sens quand il parle « d'objectivité positionnelle » au sens où à peu près tout le monde voit (ou verrait) les choses de la même façon, d'une même position (au sens physique ou social). La vue apparaît donc en partie objective, en tant que ce point de vue partageable, et en partie subjective en tant que sensation mienne (et pas vôtre). Ce que je vois, je le vois de mes propres yeux, pas par les vôtres, mais cette vue (à la différence de ma douleur) vous pouvez la partager. Nous dirons alors que nous voyons le même film ou le même paysage, que nous écoutons la même musique... Mais que veut dire « même » ici ? Nous écoutons bien la même musique, mais entendons-nous la même chose ? Nous regardons bien le même film, mais n'y voyons-nous pas des choses différentes ? Dit autrement, ne voyons-nous pas un sens différent aux mêmes choses ? Mais il n'y a là aucune contradiction, ni aucun dilemme, c'est au contraire la raison pour laquelle nous faisons tous l'expérience d'un monde commun d'une part, et de façons différentes, d'autre part, de le voir et l'éprouver et se le rappeler (sans parler des divergences en vue de le modifier). Et parler consiste précisément à comparer et ajuster nos sensations et jugements. La grammaire de « voir » semble condenser tous les sens de la sensation et de la perception (avec même un fort soupçon de « comprendre ») dans la mesure où elle conjugue, à travers ses nombreuses déclinaisons (vu, vue, vision, visée, *voir-comme*, façons de voir, regarder, faire voir, exercer un regard, regarder voir, se mettre à la place d'autrui...), l'intérieur et l'extérieur, l'actif et le passif, la projection et l'introjection, le privé et le public, le personnel et le partagé... Pluralité irréductible des phénomènes du voir, et disparité circonstancielle des réponses à la question « que voyez-vous ? », mais pluralité qui n'invalide pas pour autant une réalité certaine de notre monde commun. L'arbre au fond du jardin s'offre à votre vue et à la mienne sous cent aspects divers et cent usages possibles ; il n'en est pas moins là devant nous, et nous pourrons partager son ombre tranquille pour discuter des aspects qui font relief à vos yeux et aux miens.

35 *Suivez mon regard, vous voyez l'intention ?*

Parmi les choses visibles qui nous entourent, nous voyons d'autres voyants et nous pouvons imaginer leur point de vue, voir leur manière de voir, comme le montre et le met explicitement en scène le cinéma ; preuve, s'il en était besoin, de notre capacité empathique, et aussi calculatrice, à nous mettre à la place des autres (ce que confirme notre passion pour le théâtre et le roman). L'empathie n'est pas seulement une obligation morale infligée à l'individu fondamentalement égoïste que décrète et promeut le credo anthropologique du capitalisme. C'est une capacité primordiale de l'apprentissage humain, parce que constitutive de la relation intersubjective et de la distinction objective entre soi, l'objet et l'autre. Le recours à l'autre est un passage obligé pour à la fois m'approprier les choses et m'en distinguer. Et cette compétence s'apprend et s'exerce par la désignation : montrer quelque chose à quelqu'un (ce qui est aussi une définition du geste cinématographique) pour qu'il vous la donne ou attirer son attention ou partager une impression. D'un regard indicatif appelant le vôtre à converger, je peux vous signifier : « t'as vu ça » ou « passe-moi ça ». **Cette interaction sémiotique des esprits, qui est tout autant une projection corporelle, fonde la plupart de nos pratiques en société, et est à la base de ces événements réputés invisibles mais qu'on peut manifestement saisir et filmer : nos intentions… leur émission, leur partage et même leur dissimulation !**

Un article remarquable *Désignation et rapport à autrui*, d'Anne-Catherine Bachoud-Lévi et Jean-Denis Degos (*in* Berthoz/Jorland, 2004), résume les avancées des recherches, tant en psychologie de l'enfant qu'en neuro-sciences, sur cette question nodale. En préalable, rappelons la découverte récente des « neurones miroirs » : ce sont les mêmes neurones qui déchargent de la même façon selon qu'un individu fait un geste ou le voit faire par un congénère (ce que manifeste ce phénomène universel : ouvrir soi-même la bouche lorsqu'on donne à manger à un bébé ; ce qui explique aussi l'identification qu'on peut éprouver au cinéma). Cette découverte est venue renforcer certaine position (anti-mentaliste) du pragmatisme et de la phénoménologie, que prolonge Alain Berthoz (1997 : 147) : « La perception n'est pas une représentation : c'est une action simulée et projetée sur le monde. » Bien avant cette découverte neurologique,

Jean Mitry (1990 : 307) notait déjà que « ce qui importe pour l'orientation du spectacle, ce n'est pas mon corps comme chose dans l'espace objectif, mais mon corps comme système d'actions possibles, le niveau spatial s'installant lorsqu'entre mon corps, comme puissance de certains gestes, et le spectacle, comme invitation aux mêmes gestes, s'établit un pacte qui me donne jouissance de l'espace, et aux choses puissance sur mon corps ».

Venons-en au processus de désignation tel qu'explicité par Bachoud-Lévi et Degos. La désignation, parce qu'elle s'adresse à un tiers et fait référence à un objet, met en place les trois personnes fondamentales de toute langue : je (celui qui désigne, le locuteur), tu (celui à qui s'adresse la désignation, le récepteur), il (la cible de la désignation, le référent). L'enfant désigne et vocalise simultanément, comme l'avait déjà relevé (et filmé) Boris Cyrulnik. À environ 6 mois, l'enfant tend le bras et regarde vers la cible; à 10/12 mois, il comprend ce que l'autre désigne et regarde la cible, et non plus le doigt; à 12/14 mois, il est capable de désigner une cible avec l'intention qu'autrui la regarde, son regard lâche l'objet pour se tourner vers la personne à qui s'adresse le geste de désignation (proto-déclarative). La désignation apparaît comme la base de l'objectivation, en tant que capacité à communiquer avec autrui au sujet d'un objet. « Le terme *objet* prend son sens strict d'élément objectivé (détaché, visé), et corrélativement *autrui* son sens plein de réciprocité (changement de point de vue et adoption de celui de l'autre) » (Berthoz/Jorland, 2007 : 95). La représentation objective d'un élément du monde émerge du triangle de la désignation, où apparaît simultanément l'autre et l'objet.

L'analyse suivante des mêmes auteurs (*ibid.* : 107 à 117) recoupe la nôtre sur le couple voir/visée. La vue serait d'un côté continuum proprioceptif (le monde comme prolongement de mon corps, synesthésie visuo-proprioceptive) ; de l'autre visée, objectivation, détachement. « Le cerveau élaborerait ainsi deux perceptions complémentaires du monde : l'une insérant l'individu dans un monde perçu comme un continuum visuo-proprioceptif; l'autre extrayant de ce continuum des éléments pour leur conférer une existence propre perçue comme objective. La représentation objective opère sur la représentation visuo-proprioceptive en adjoignant aux coordonnées égocentrées les coordonnés allocentrées qui reflètent le point de vue de l'autre. Cette combinaison de coordonnées égo et allocentrées permet de rendre compte de la juxtaposition sur un objet abstrait de deux référentiels : de celui qui désigne et de celui à qui la désignation s'adresse » (*ibid.* : 110). Ainsi « la désignation laisse à l'objet la place qui lui revient et positionne autrui comme un autre possible » (*ibid.* : 116). Par extension, conclurons-nous avec Bachoud-Lévi et Degos, va se voir établie « la capacité de prêter à un tiers des pensées autres que les siennes », et, on va le voir ci-dessous, de se projeter soi-même dans une position tierce, d'adopter une vision en 3e personne.

On comprend mieux maintenant pourquoi les triangulations apparemment acrobatiques réalisées par la caméra de Hitchcock dans les scènes clefs de *Vertigo* ou du *Grand Alibi* (question 13), nous épatent techniquement tout en nous emportant si naturellement : ne traduisent-elles pas cette topographie de la désignation et de l'association/distinction de ma propre visée avec celle de l'autre sur un même objet intentionnel ?

Un troisième œil ?

Pour nous rappeler la route, nous pouvons mettre en œuvre deux stratégies cognitives différentes :
– celle de la route égocentrée, unique voie tracée, parcours personnel, que traduit bien le *travelling* voiture au cinéma ;
– et celle du survol (allocentré), vue aérienne au cinéma, laissant libre notre esprit de trouver de nouveaux chemins (Berthoz/Jorland, 2004 : 260).

Ainsi peut-on voir le monde en 1re et 3e personne. Ce qui est remarquable, c'est que la « pédovision » (pour reprendre le surnom donné au cinéma direct par Jean Rouch) peut être recoupée avec la vue d'avion et que leur convergence engendre une connaissance (du 3e type) qui n'est pas seulement leur somme mais un produit nouveau. 1 + 1 = 3 : le décentrement de ma vision par empathie ne fait pas seulement que je vois à ta place, que je partage ton point de vue en plus du mien, mais que je peux construire, par leur corrélation, un système de coordonnées, un point de vue tiers, généralisant en 3e personne (« on »). Ce qu'Amartya Sen appelle justement « objectivité transpositionnelle ». On trouve des considérations similaires chez Kracauer (2006), quand il parle de l'« *estrangement* » nécessaire à l'historien, ou chez Norbert Elias (1998) qui, à l'engagement, oppose et ajoute la distanciation nécessaire à l'élaboration de toute recherche en sciences humaines. On trouve, dans cette position tierce ou d'extranéité, l'explication du fonctionnement et de notre (S) acceptation si naturelle de l'*audience camera* et de la caméra objective.

Ainsi pourrait-on dire que la caméra semi-subjective ou subjective personnage, avec son complément visage, traduit notre empathie. Que l'entre-deux, ce jeu de regards croisés entre deux personnages auquel nous (S) sommes conviés à participer par la réciprocité des champs/contrechamps, relève de notre sympathie. Et que la caméra objective (montrant par exemple les deux interlocuteurs attablés au café, comme Alicia et Devlin à Rio) et l'*audience camera* révèlent notre capacité à exercer une vue d'ensemble externe ou à nous élever, tels des géographes, des architectes ou des aviateurs, à une perspective cavalière (« *high view point* »). Notre « nous » (si l'on peut dire) embrasse ainsi « je, tu et ils » dans cette distribution pyramidale des regards. Mais, notons-le, le « *high view point* » (le sommet de la pyramide) n'est pas le « *nobody's point of view* », le point de vue de personne, dont se réclame la propagande objectiviste ; ce n'est pas non plus le point de vue de tout le monde, c'est la vue de tout un monde… C'est-à-dire non pas la vue du monde en soi, mais cette partie du monde vue sous cet aspect englobant, qui ne saurait prétendre pour autant à la totalité (il y a toujours d'autres aspects), ni à l'extra-territorialité (aucun point de vue n'échappe à l'attraction terrestre), ni à La vérité, car celle-ci est plurielle et ne peut être établie que dans un système de corrélations incluant l'énonciateur. **Quel que soit l'Énonciateur Majuscule et Anonyme qui actualise et ordonne présentement les points de vue des autres, il n'échappe pas pour autant au fait d'être lui-même situé.** Il n'y a pas de fin mot, ni de mot de la fin : nos visions sont (plus ou moins) limitées comme nos fins sont provisoires (finitude et faillibilité trament notre condition humaine), mais cela ne veut pas dire que rien n'a de sens ou que tout est égal, au contraire, cela implique de chercher toujours à voir le mieux possible et de rechercher les meilleures manières esth-éthiques de faire un monde (cf. Goodman, 1992). Pour le dire avec l'humour sérieux d'un Niels Bohr (1991) :

« Le sens de la vie consiste en ceci que dire que la vie n'a aucun sens, n'a aucun sens. »

Qu'il s'agisse de morale (cf. Chavel) ou d'histoire (cf. Kracauer ou Prost), au cinéma ou dans un roman, l'aspect ou la vision et donc la signification des choses et événements changent, non seulement avec l'angle de vue, mais selon l'échelle à laquelle on les approche et les saisit. Évaluer ce qui a de l'importance, ce qui mérite d'être mis en avant ou en arrière-plan, implique une mise en tension entre détails et panorama, plans d'ensemble et gros plans, des choix de cadrage et découpage, un montage à contrepoint, afin que l'Histoire, « avec sa grande H », ne se raconte pas que du point de vue des vainqueurs ou des généraux, comme le demandaient Benjamin et Kracauer ; ou que l'histoire romanesque ne traduise pas l'unique toute puissance de l'auteur sur ses malheureux personnages. En historiographie comme au cinéma, le rapport entre détails et ensemble est évidemment essentiel : ce rapport doit être à la fois éclairant et pondéré pour être juste, cohérent pour être compréhensible, pertinent pour être productif. Cet ensemble-ci pourrait apparaître comme un sous-ensemble selon un autre découpage toujours possible, ou ce détail-là sembler superflu, ce trait trop grossi. Tel découpage est donc toujours relatif mais prouvera qu'il n'est pas arbitraire, qu'il est même salutaire, par l'intelligence nouvelle qu'il produira des événements et agissements agencés, par la sensibilité nouvelle qu'il suscitera en nous aux actions, comportements, décisions retenus et montrés. « Nouvelle », cela veut dire s'accordant en partie à ce qu'on sait déjà, en partie accentuant d'autres aspects, en partie découvrant des aspects inédits. La justesse ne consiste pas à juxtaposer des opinions ou des vues diverses – comme à l'étal d'un brocanteur ou d'un plateau de télévision – mais à chercher, en fonction des actions en cause et des questions soulevées, les personnages qui les focaliseront le mieux, les angles les plus révélateurs, les situations croisées opérant comme des condensateurs, le découpage le plus cohérent et le montage le plus suggestif par rapprochements, oppositions, analogies et complémentations, c'est-à-dire à lier l'économie des moyens expressifs au maximum d'effet de sens, relativement aux questions cadrées. Cette justesse, cette force d'expression, quand on l'atteint et l'étend, se nomme « style », et le style est la plus belle qualité qu'on puisse reconnaître à l'esprit des œuvres comme au comportement des hommes. Dans *Les Sens de l'usage* (2009), Sandra Laugier fait cette remarque « esth-éthique » : « Trouver l'expression juste, c'est bien s'exprimer soi-même tout en décrivant bien le cas. »

Comment voyons-nous l'expression d'un visage ?

> Regarde une photographie, demande-toi si tu vois seulement une répartition de taches plus sombres et plus claires, ou si tu vois aussi l'expression du visage ! Demande-toi ce que tu vois : quel serait le moyen le plus aisé de l'exposer : par une description de cette répartition en taches, ou par la description d'une tête humaine ? Et si maintenant tu dis de ce visage qu'il sourit, est-il plus aisé de décrire l'emplacement et la forme des parties correspondantes du visage, ou de sourire toi-même ? (Wittgenstein, 1989 : § 1072)

Puis-je voir la méchanceté sur un visage ? Oui, cela a un sens de le dire, la physionomie paraît animée de méchanceté, un regard méchant en émane… L'œil humain, à la différence de l'oreille, peut faire peur. « Quand tu regardes l'œil, tu peux voir quelque chose sortir de lui, tu vois le regard de l'œil » (Wittgenstein, 1989 : § 1100), et « je peux voir le regard que tu jettes sur un autre » (*ibid* : § 1101). Voir un regard s'apparente à voir une expression (de mépris, de plaisir, de douleur…) sur un visage ; c'est bien là voir, mais pas de la même façon qu'on voit des formes ou des couleurs. « L'expression d'un visage et la signification de cette expression n'ont aucun rapport ou liaison avec l'espace. Face à un visage isolé nous ne percevons pas l'espace. Une dimension d'un autre ordre s'ouvre à nous : celle de la physionomie. [...] Dès que nous ne voyons plus des formes de chair et de sang, mais une expression, c'est-à-dire un sentiment, un état d'âme, une intention, une pensée, nous voyons de nos yeux quelque chose qui n'existe pas dans l'espace » (Balazs, 1979 : 57). **L'évidence énigmatique de l'expression rejoint l'évidence énigmatique du voir, et le gros plan du visage humain à l'écran éclaire ces deux énigmes en regard.**

– L'expression est incommensurable, elle ne relève pas de l'anthropométrie : l'expression rassemble les visages tout autrement que la ressemblance anatomique. On ne peut mesurer l'expression par des traits physiques, bien qu'ils en soient le support. De la même manière, entendre une série de sons n'est pas les entendre comme une mélodie, ni entendre que c'est une mélodie. Et un peintre (médiocre) peut reproduire les traits d'un visage sans en saisir l'expression. Mais pourrait-on dessiner l'expression sans traits ? « Considérez un visage – c'est l'expression de ce visage qui est importante, et non sa couleur, sa taille, etc. – Soit, donnez-nous l'expression sans le visage » ironise Wittgenstein, clignant de l'œil vers *Alice au pays des merveilles*. Mon expression ne saurait pas plus être indépendante de ma gestuelle ou de ma mimique, que le sens de ce que je veux dire de mes mots, ou que l'expression de gaieté ou mélancolie de telle mélodie... sauf justement si elle est mal jouée, auquel cas on aurait la partition sans l'expression (mais l'inverse, que soutient un certain idéalisme esthétique, n'est pas possible) ! « Un chat sans sourire, j'en ai vu souvent, dit Alice, mais un sourire sans chat ! C'est la chose la plus curieuse que j'aie vue de ma vie. »

– L'expression est insaisissable, et pourtant elle nous (S) saisit d'un coup, même si nous restons incapables de la décrire. « En tant que totalité déterminée, elle échappe à toute tentative de description exhaustive en termes spatiaux ou en termes de formes et de couleurs », souligne Christiane Chauviré, commentant les *Leçons sur l'esthétique* de Wittgenstein (1992 : XV), qui remarque que décrire complètement une expression n'a pas plus de sens que décrire l'arôme du café (Wittgenstein, 1989 : § 553). Il est cependant pertinent de voir une expression de tristesse sur un visage même si on est incapable d'« expliquer quelles altérations dans les traits du visage ont produit cette impression » (*ibid.* : § 287). Et celui qui voit l'expression en voit plus que celui qui ne voit qu'une tête. « Comprendre une expression, une œuvre d'art, etc. est une capacité qui repose sur la maîtrise de techniques, laquelle renvoie en dernière instance à la culture ou à la forme de vie, fondement objectif, quoique contingent, des différences. Voir l'expression d'un visage quand un autre ne la voit pas manifeste la fusion du voir optique et de l'interpréter dans l'immédiateté du voir-comme » (Chauviré, 1992 : XVII). Et celui qui ne voit pas l'expression est cet aveugle à l'aspect dont nous avons déjà parlé, qui jouit du simple voir optique mais pas du *voir-comme*.

– L'expression est instable et fugace ; elle se montre et se voit par contraste et différence. « Seul le changement rend l'expression significative. Avant lui, elle appartient tout bonnement à l'anatomie du visage. Il n'y a d'expression, pourrait-on dire, que dans le jeu d'une mimique » (Wittgenstein, 1994 : § 356). Pour ainsi dire, l'expression humaine se jouerait entre la tête qu'on a et la tête qu'on fait ! « Comment pourrai-je reconnaître une expression (de tristesse, de gravité, de chagrin...) si je ne savais pas qu'il s'agit d'une expression et non de l'anatomie de cet être ? »

– L'expression est dépendante de son environnement. « Elle a un cours », pour reprendre la belle formule de Jean-Jacques Rosat. Du même visage situé dans un autre contexte ou à un autre moment, se dégagera une autre atmosphère. « La physionomie propre à chaque émotion ne saurait être comprise uniquement comme une certaine organisation synchronique des mimiques et des postures du corps ; elle est aussi une certaine organisation diachronique de la conduite globale de l'individu. Chaque émotion a une dynamique qui lui est propre et elle se déploie selon un rythme et un tempo caractéristiques et même constitutifs. Elle a un cours » (Bouveresse & co, 2002 : 187).

Voilà qui se trouve confirmé de façon remarquable par la décomposition du mouvement et du faciès à la table de montage. Si je revois image par image un visage familier (cas fréquent du film de famille), je n'en reconnais pas l'expression : apparaissent d'étranges figures transitoires, inconnues de moi et comme informes... Dois-je y voir, selon l'assertion de Godard, la vérité 24 fois par seconde, qui jusque-là m'aurait échappé ? N'est-ce pas plutôt qu'à cette vitesse infra-humaine, qui n'a plus rien de commun avec nos façons normales de percevoir et bouger, il n'y a plus rien à voir (ou en tout cas tout autre chose qu'une expression) ! L'analyse image par image ne trahit ici aucune vérité, elle dilue au contraire et fait perdre de vue toute expression, en tant que « totalité déterminée » manifestée selon une certaine durée biographique et un certain tempo, qui est celui de nos faits et gestes significatifs habituels. (Il n'est peut-être pas superflu de rappeler que Von Uexküll, dans ses travaux pionniers sur la relation animal/milieu, avait évalué à 18 impulsions/seconde le seuil moyen de sensibilité humaine, entendez notre limite de perception entre discret et continu : qu'il s'agisse de coups tapés sur la peau ou de l'écoute de coups frappés ou de la vision de prises de vue, au-delà de 18 fois par seconde, le mouvement vu, le son entendu ou le toucher ressenti est perçu comme continu, et non plus séquentiel. 18 images/s était une vitesse standard du cinéma à ses débuts). Comment nos expressions, nos gestes et mimiques ne seraient-ils pas fonction de notre vitesse de perception et réaction, du rythme général de nos échanges, du tempo particulier de notre vécu ?

– L'expression, comme l'interprétation en matière d'exécution musicale, est une question d'accentuation, de mise en relief d'aspects particuliers ou de découverte d'aspects nouveaux, de tonalité originale. À l'inverse du sourire du chat de Chester (dans *Alice au pays des merveilles*), elle n'est pas détachable de la personne ou de l'œuvre. John Dewey, dans *L'Art comme expérience* (2005), souligne que l'expression, en tant que processus temporel, « mûrit en intriquant des traits présents avec des valeurs passées que l'expérience a incorporées à la personnalité » ; et en tant que processus d'organisation « elle intègre des matériaux bruts, les transforme, retravaille et interprète réflexivement, elle les porte à signifier. » L'élément du cinéma, comme art dramatique et prise de vie, étant l'action ou plus exactement nos agissements, les films (pas seulement ceux de Hitchcock) s'ingénient, à juste titre, à intensifier et multiplier les moments où ça précipite. « L'une des missions du cinéma, en particulier avec les gros plans, est de saisir et localiser l'instant où se manifeste l'élément de l'action décisif qui détermine ou modifie le cours des choses » (Balasz, 1979 : 199). La touche Hitchcock, telle qu'il l'a lui-même maintes fois exposée, consiste précisément à dilater, faire attendre et durer, grossir et rebondir le moment où ça précipite (c'est le cas de le dire pour cette œuvre où la montée périlleuse des escaliers et les menaces de chute sont des figures récurrentes depuis 1929 ; cf. Decobert, 2008) ! La tâche du cinéma n'est pas de reproduire la vie mais de rendre visibles les motifs de notre quête (interminable) du sens de la vie, du sens que nous cherchons à lui donner, avec ou contre les autres, selon nos intentions, émotions, ambitions, croyances ; et de magnifier à la taille de l'écran les moments décisifs où ça prend (ou rate). Évidemment – Hitchcock est là pour nous le rappeler et nous en divertir – ça ne se passe jamais comme prévu ! et l'imprévu provoque autant l'ingéniosité que la fuite, la peur que le courage, pour les héros comme pour le spectateur (même et encore plus si l'imprévu est paradoxalement attendu… c'est le suspense !). Expert en ce guignol pour grands, Hitchcock n'a-t-il pas répété à l'envi que ses films ne sont pas des tranches de vie mais des tranches de gâteau ?

Quel motif dans le tapis de la vie ?

> « *Ce visage n'a absolument aucune expression* ». Le contraire de cette proposition est « *Il a une expression bien déterminée* » (bien que je ne puisse dire laquelle). À une expression forte pourrait se nouer par exemple aussitôt une histoire, ou la recherche d'une histoire. Quand on parle du sourire énigmatique de Mona Lisa, cela veut bien dire en effet que l'on se demande dans quelle situation, au sein de quelle histoire on pourrait sourire de cette manière. Et il serait parfaitement concevable que quelqu'un trouve une solution, qu'il raconte une histoire et nous dise : « *Eh bien telle est l'expression que ce personnage aurait prise ici.* » (Wittgenstein, 1989 : 94, § 381)

Toutes les observations précédentes nous conduisent à récuser, avec Wittgenstein, l'idée que l'expression puisse être, pour celui qui l'exprime, une traduction extérieure d'un état intérieur, et pour celui qui la perçoit une inférence. Cette critique – tout comme la remarque de Balazs sur le fait que l'expression signifie dans une dimension non spatiale – exclut que l'expression relève d'une relation causale. « En général je ne présume pas la peur en lui : je la vois. Les choses ne se passent pas pour moi comme si j'inférais, à partir d'un dehors, l'existence vraisemblable d'un dedans, mais plutôt comme si le visage humain était quasi transparent et que je le visse, non pas dans une lumière réfléchie, mais dans sa propre lumière » (Wittgenstein, 1994 : 38). Cette évidence phénoménale et énigmatique de l'expression d'un visage se manifeste au cinéma dans ce qu'on appelle la photogénie. (Epstein parle magnifiquement, dans ses *Écrits sur le cinéma*, de « machine à confesser les âmes » et de « photogénie de l'impondérable », grâce au grossissement et à la variabilité de la perception du temps qu'autorise le cinéma). L'énigme est à l'opposé du mystère, elle n'est pas cachée mais nous saute aux yeux, elle se tient devant nous, intrigante, promesse de sens saisissante sans qu'on parvienne à saisir lequel, à analyser comment ça se fait, à quoi ça tient... et elle nous met instantanément au défi de la deviner. « À quoi ça tient » ces motifs (émotifs) de l'expression ? Nous allons voir plus loin (question 41) que « ça tient » à l'arrière-plan de nos formes de vie (qui sont aussi des formes de grammaire), tout comme le hors champ est le fond supposé (la nécessité conditionnelle) sur lequel s'enlèvent les plans. Ça tient donc à la montée du fond à la surface, par quoi Victor Hugo définissait justement la forme, le style. « L'important c'est la peau ». Pour le dire avec Van der Keuken, grand opérateur de géographie humaine et auteur d'un documentaire intitulé *Face Value*, **en matière de cinéma ça tient à cette capacité qu'a le plan d'être une membrane polarisante entre champ et cadrage pour ce qui est du paysage, entre intérieur et extérieur pour ce qui est du visage, entre bout et tout pour ce qui est du montage.** N'est-ce pas cette « transpiration » à l'écran du sujet filmé au regard du sujet filmant et de son spectateur qui produit un bon portrait… d'une personne, d'un lieu, d'un pays ? « La surface ne s'oppose qu'en apparence à la profondeur. En réalité les traits de surface, loin d'exclure ceux plus profonds, y mènent. […] La perception de traits qui se trouvent à la surface provoque l'activation d'autres traits qui leur sont corrélés, c'est-à-dire qui sont généralement présents en même temps mais non immédiatement accessibles. Cela explique que la surface conduise à la structure et permette donc de faire des analogies appropriées » (Hofstadter, 2013 : 416).

Comme nous le dit le sourire de Mona Lisa, l'expression c'est toute une histoire, réelle et supposée, mais condensée et comme instantanée (tant dans sa production que dans sa reconnaissance). Une expression rend manifeste quelque chose dans une incarnation. Elle implique une manifestation (et une compréhension) directe. Une expression, souligne Charles Taylor (*L'Action comme expression*, *in* 1999 : 83), « doit permettre ce que nous pourrions appeler une lecture physionomique, mais celle-ci par elle-même ne suffit pas : ce qui est exprimé, au-delà de l'observation, ne peut être manifesté que par l'expression ». Et c'est l'expression qui articule le désir (l'intention) à l'action, puisque, constate Taylor (*ibid.* : 80), la relation entre le désir et l'action ne peut pas être analysée avec une catégorie générale de cause, qui s'applique également aux êtres inanimés. Ainsi peut-on dire pour la même raison que les objets expressifs – comme les films, photographies, musiques ou peintures – « révèlent ce qui est exprimé en un sens plus fort que le simple fait de le rendre visible : en un sens ils nous disent ou nous font quelque chose. » On peut ainsi leur appliquer des verbes et adverbes d'énonciation parce qu'ils nous communiquent quelque chose. « Nous ne pouvons pas voir l'intérêt moral de la littérature (ou du cinéma) à moins de reconnaître les gestes, les manières, les habitudes, les tours de langage, les tours de pensée, les styles de visage, comme moralement expressifs – d'un individu ou d'un peuple. La description intelligente de ces choses fait partie de la description intelligente, aiguisée, de la vie, de ce qui importe, de ce qui fait la différence dans les vies humaines » (Diamond, 2004 : 507). C'est bien pourquoi, pour nous expliquer et nous comprendre les uns les autres, les traités de morphologie et de psychologie ne suffisent pas, il nous faut des films et des romans, et leur traduction justement expressive d'une langue à l'autre. Comme le suggère Sandra Laugier (en exergue de notre ouvrage) à propos de la texture ouverte de nos vies, aucun concept, aucune symptomatologie ne peut subsumer et circonscrire toute la variété d'expression d'une émotion ou d'un sentiment. Chaque motif (comme la tristesse ou la joie ou l'inquiétude...) peut donner lieu à des variations illimitées et particulières, que nous reconnaîtrons pourtant immédiatement la plupart du temps (reconnaissance plus difficile avec des gens de civilisations éloignées). En fait, notre reconnaissance se fait non par attribution de caractères fixes ou d'un concept englobant, mais par apparentement et airs de famille sur un arrière-plan fluant qui n'est autre que le tapis de la vie. Il est juste de dire (Rosat, 2002) que nous reconnaissons telle expression comme celle de tel sentiment, tel air justement, à la façon d'un mélomane, sans forcément savoir lire la musique, sans règle explicite mais en fonction d'un répertoire de conduites et sentiments figurant (dans) nos formes de vie. « Nous jugeons un acte d'après l'arrière-plan qui est le sien dans la vie d'un homme ; or cet arrière-plan n'est pas monocolore : nous pourrions plutôt nous le représenter comme un motif en filigrane fort compliqué, que certes nous ne serions pas capables de reproduire, mais que nous pourrions reconnaître d'après l'impression d'ensemble qu'il produit sur nous » (Wittgenstein, 1994 : § 624). Et il y a forcément des cas où l'expression nous paraît illisible, nous échappe, nous semble incongrue ou inconnue, nous ne savons que penser de cette attitude, de ce motif... Cette incomplétude ou inadéquation, que déplorent trop souvent les tenants d'une intériorité ineffable, est, on le voit, inhérente à ce jeu de langage et à l'intrication des fils dans le tapis de la vie. « Ce serait une illusion de croire, en effet, que, si nous avons repéré l'occurrence d'un motif, tous les traits qui peuvent être liés à ce motif doivent être présents, et, si on ne les voit pas, de croire qu'ils sont cachés dans un intérieur ou un mécanisme inconscient. Le principe de variation infinie par répétition – qui est le principe même de l'image des motifs dans le tapis – nous assure au contraire qu'aucune occurrence d'espoir ou de joie simulée ne présente toutes les caractéristiques de l'espoir ou de la joie simulée » (Rosat, 2002 : 197). Chaque expression humaine sera nécessairement incomplète ou présentera des traits physionomiques et biographiques inédits ; cette incomplétude et cette variabilité en font la fascination et le charme inépuisables, car sans elles nous serions des automates... sans surprise, sans invention, dénués d'interprétation, et donc sans expression !

39 *Comment peut-on comprendre ces sautes dans l'espace et le temps : les raccords ?*

> Le mystère, c'est que le lien entre deux plans fonctionne en dépit du déplacement total et instantané qu'il opère dans le champ de vision, et qui correspond parfois à un bond en avant ou en arrière dans l'espace ou le temps. Je parle de mystère parce que rien dans notre expérience quotidienne ne nous prépare à un tel phénomène. [...] Évidemment, le déplacement instantané par raccord, nous y sommes habitués en musique ainsi que dans le mode de fonctionnement de nos pensées. (Murch, 2011 : 27, 74)

L'expérience qu'est la vision d'un film contredit (à tout le moins transpose fortement) presque tous les paramètres de notre perception ordinaire : immobilisation spectatorielle, réduction du sensible à la perception audio-visuelle sans interaction, focalisation du regard sur un champ de vision précadré sans relief, échelles de plans surnaturelles, angles de vue impossibles, sauts brusques d'un point de vue et d'un lieu à un autre, mélange sonore sur-réaliste... À la lecture d'une telle liste, on pourrait supposer que la séance de cinéma est une séance de torture et une fantasmagorie incompréhensible. Eh bien non, elle nous est tout à fait naturelle et compréhensible, et même agréable quand le film nous paraît bon. Preuve de l'adaptabilité de nos sens et de notre capacité à saisir du sens, à construire un monde possible et cohérent selon des règles différentes de nos habitudes, comme le confirment également nos autres arts (cf. Goodman, 1992). En échange de ces handicaps, le cinéma nous

(S) offre, comme on l'a explicité, une extension inédite de notre vision et une intensification réflexive de nos émotions : par le don de double-vue et un *voir-comme* accentué. En cela, il nous ouvre des aperçus originaux sur notre psychologie. Et le raccord, qui va nous occuper maintenant, n'est pas des moindres : ces « sauts brusques d'un point de vue et d'un lieu à un autre », comment nous sont-ils compréhensibles, alors que rien dans notre perception commune ne nous donne à voir le monde de la sorte ? Mieux encore, comment arrivent-ils à nous faire comprendre autrement et davantage, à la manière d'un nouveau langage ?

Évidemment, puisque ça marche si généralement et si facilement, c'est que le mystère n'est pas si grand, quoiqu'il reste étonnant, comme le remarque ci-dessus le monteur d'*Apocalypse Now* : nous comprenons un film parce que nous pensons, imaginons, rêvons, nous souvenons ; et parce que nous sommes capables (on l'a vu) de nous mettre à la place des autres et de nous voir comme un autre (triangulation et réciprocité dont use largement le découpage cinématographique). On peut dire en retour que le film ne fait pas que montrer, il réfléchit ; ses images par le biais du montage deviennent des images pensantes. **Le langage cinématographique est enté sur cette double articulation effectivement étonnante : d'un côté des prises de vues « réelles », suivant la marche du monde physique visible ; de l'autre un montage qui les agence et les propulse à la vitesse de nos attentes**, tantôt suivant une apparente continuité de mouvement, tantôt comme des actions parallèles (qui vont converger ou non), tantôt comme des enchaînements d'actions, tantôt comme des associations d'idées ou des rapprochements affectifs,... La magie du cinéma, c'est de transgresser l'opposition si réelle entre le pesant cours des choses et la vélocité immatérielle de nos pensées ; le film monté réussit la prouesse de conférer apparemment à celui-là la « légèreté » de celles-ci. Voilà qui répond à l'interrogation d'Albert Laffay : « Comment peut-il être aussi agile qu'un roman si le monde lui colle ainsi aux pieds ? » (Laffay, 1964 : 62). En un mot – et c'est pourquoi la parole à l'écran n'est plus centrale comme au théâtre – **le cinéma peut, par les mouvements de caméra et le découpage, capter et projeter nos intentions... et celles que nous prêtons aux autres** (êtres ou choses). Les films de Hitchcock le démontrent suffisamment, y compris ses films muets. « Mouvement – Motif – Émotion » sont des notions sœurs aux racines communes qui s'entremêlent dans ce que les anglophones nomment judicieusement « *motion pictures* ».

Béla Balazs raconte, dans son livre *Le Cinéma* (paru en 1948), qu'un ami à lui offrit un billet à sa femme de ménage sibérienne, qui à l'époque ignorait tout du cinéma, pour qu'elle aille voir un film (une quelconque comédie populaire). Elle revint horrifiée par tous ces pieds et mains et têtes coupés qui s'agitaient sur l'écran, « rien n'était à sa place ! » « Nous n'avons plus la moindre idée, commente Balazs, des processus compliqués par où notre esprit est passé pour apprendre à faire des associations visuelles. Il s'agit en fait de recomposer dans notre esprit, en une scène unitaire et continue, les images décomposées en leurs éléments qui apparaissent à l'écran dans une succession temporelle ; et ce processus de reconstitution très compliqué demeure inconscient. » Le découpage ne pouvait, aux yeux de la jeune sibérienne, qu'avoir un sens physiquement tranchant ; elle ne disposait pas (encore) de l'arrière-plan esthétique permettant d'en saisir la transposition métonymique et technique dans l'ordre de la représentation cinématographique. Balazs poursuit (1979 : 26) : « Une nouvelle faculté de créer des représentations s'est développée. Une grande culture visuelle est née dans un laps de temps très court. Nous n'avons plus idée aujourd'hui du peu d'années qu'il nous a fallu pour apprendre à comprendre le langage des images, pour tirer des conclusions à partir de ces images. » Epstein, dans son essai *Intelligence d'une machine* (1974), rend admirablement compte de cette découverte des capacités poétiques du nouveau langage des images à modifier notre perception du temps, des phénomènes, du visage des choses et des hommes.

Depuis, les infinies variantes et inventions du montage ont encore accru la palette et notre intelligence de « ces raccourcis de pensée » que sont les raccords. Tout au long de ses derniers ouvrages, Georges Didi-Hubermann analyse les ressorts et puissances de la connaissance par montage (notamment à travers l'étude d'œuvres de Warburg, Brecht et Farocki). En quoi un montage est-il productif de sens et non pas arbitraire ou « manipulateur » comme disent ses détracteurs (cf. Niney, 2009 : questions 26 à 30) ? Comment, suivant la formule de Valéry, l'artiste transforme-t-il son arbitraire (son inspiration, ses découvertes) en nécessité (sensible, logique, effective) ? Comment se produit et se confirme la découverte pertinente de nouveaux aspects (par rapprochements, contrastes, correspondances) ? Il appartient à l'analyse filmique, à la critique esthétique, à l'histoire de l'art de l'établir à travers l'analyse détaillée et comparée des œuvres et de leurs motifs. De ces « cas d'école », on peut tirer bien des enseignements éclairants et fructueux mais certes pas une méthode. Pour apprendre à devenir artiste, il n'est pas d'autre méthode que de se frotter aux œuvres des maîtres et de chercher sa propre voix. Tout comme l'expression, le style et l'invention échappent à la méthode : il n'y a pas en ce domaine de mode d'emploi ni de recette applicable. Même si, c'est certain, il ne saurait y avoir de style ni de création sans techniques – pas plus que d'expression faciale sans anatomie – il est tout aussi évident que le style (ou la création) ne se réduit pas à la technique (ni l'expression aux traits). C'est ce réductionnisme qui oppose, je crois, les géomètres aux saltimbanques, ou, pour le dire en termes plus actuels, les managers inconditionnels « de la performance et du chiffre » aux adeptes de la Princesse de Clèves et autres indignés ! La présente faillite planétaire de leurs valeurs et modèle économiques auraient pu rendre les premiers moins sûrs de leurs méthodes réductionnistes justement. Apparemment (jusqu'à ce jour), cela ne semble pas le cas, et c'est grand dommage pour notre planète.

Comment filmer « ces raccourcis que tracent les chemins de pensée » ?

Comment fonctionne un bon raccord ? On peut apprendre les techniques du montage et étudier les films des as du montage (Vertov, Eisenstein, Stroheim, Kurosawa, Fleischer, Marker, Forman, Scorsese… et bien sûr Hitchcock) mais il n'y a pas de recettes de montage clef en mains, pas plus que de recette pour créer un roman remarquable. Ou, pour le dire autrement : si on ne fait qu'appliquer des recettes, on est sûr que le film n'aura rien de remarquable ni de créatif. Cependant, nous pouvons filer l'idée – qui a guidé le présent essai et a été théorisée, au début du cinéma, par Sergueï Eisenstein comme par Jean Epstein – que les inventions du montage filmique nous mettent sous les yeux certaines formes ou tournures de notre pensée, que les façons de découper et enchaîner les prises de vues reflètent en partie le fonctionnement rhizomatique (et en parallèle) de nos réseaux cérébraux. C'est-à-dire qu'une série de raccords réussie, un montage accompli, ne produit pas une unique ligne narrative mais un tissu de connexions, échos et contrepoints à l'image du motif dans le tapis, comme on l'a vu exemplairement avec *Vertigo* en rouge et vert, et comme on va le voir maintenant en noir et blanc avec la mort (ou faut-il dire le meurtre ou l'exécution ?) de M. Verloc à la fin de *Sabotage*.

Hitchcock peut-il nous apprendre ce qu'est un bon raccord, un raccord significatif (qui est le contraire d'un raccord maladroit ou plat, mais non pas d'un faux raccord, car l'histoire du cinéma est pleine de faux raccords délibérés qui sont des coups de génie) ? « Et là je coupe sur... » est une des phrases clefs de Sir Alfred quand il décrit un de ses découpages ou explique une de ses mises en scène. Il est remarquable que « *cut* » (coupe) et « raccord » soient substituables dans la logique du montage. « Et là je raccorde sur... », signifierait à peu près la même chose. À l'opposé, le plan de coupe (« *cut away* ») signifie qu'on introduit dans la séquence un plan anecdotique : pause, diversion ou prétexte (souvent pour faciliter le montage son), qui ne s'insère pas directement dans la continuité de l'action en cours. (Il est regrettable que la traduction française de *Hitchcock par Hitchcock* confonde constamment ces deux concepts opposés). Revoyons donc la scène paroxystique du dîner où Mme Verloc (Sylvia Sydney) va finir par embrocher son saboteur de mari (Oscar Omolka). Nous avons ici une parfaite illustration, presque sans mot dire, de la façon de filmer les intentions et d'en rendre le spectateur témoin et complice. L'enjeu de cette mise en scène, comme l'explique Hitchcock à Truffaut (1993), c'est que Mme Verloc doit tuer M. Verloc, tout en restant innocente aux yeux du spectateur ! Comme dans *Soupçons*, ce *happy end* douteux en dit long sur l'ambiguïté hitchcockienne, qu'on retrouve dans plusieurs de ses scènes finales et dans sa délectation virtuose à mêler drame et comédie : ne nous communique-t-il pas ainsi « l'incertitude qui vient des songes » dont parle l'expert du fantastique, Roger Caillois ?

Cette scène du dîner (antépénultième séquence), avec rôti et couteau et mari mais en l'absence du frère de madame (le jeune Stevie ayant malencontreusement sauté avec la bombe que lui avait « confiée », dissimulée dans une boîte de film, ce cher M. Verloc) est l'exacte symétrique du dîner familial qui s'est déroulé au début du film (3e séquence). Les deux scènes se répondent, se raccordent dans l'esprit du spectateur, à un « détail » près : la place de Stevie est maintenant vide. Et le drame avec mort d'homme (sans préméditation) va se nouer autour de ce vide, telle une serviette de table. Examinons sur pièce si les raccords sont à l'image de ces raccourcis dont parle William James, à propos de nos chemins de pensée : « Les pensées fournissent des transitions incroyablement rapides [...] elles devancent le lent enchaînement des choses elles-mêmes, et nous emportent vers nos points d'arrivée ultimes d'une façon qui est bien plus économique que de suivre les enchaînements de la perception sensible. Ce sont des raccourcis et des courts-circuits merveilleux que tracent les chemins-de-pensée » (James, W. 2005 : 71). En fait, le cinéma entremêle les deux, comme nous l'avons remarqué au paragraphe précédent : le film articule le temps réel des prises de vues (reproduite à 24 ou 25 images/s, la vitesse de déplacement des corps apparaît telle que dans notre monde physique usuel) et un temps narratif condensé (ou parfois dilaté) par le découpage/montage, proche de notre pensée ou imagination. C'est de là qu'il tire sa puissance dramatique d'accentuation et de remède à l'ennui (imaginez un film entier en temps réel à la façon d'une vidéo-surveillance !). Le film mélange donc, pour reprendre les mots de James, « les enchaînements de la perception sensible » et ces « courts-circuits merveilleux que tracent nos chemins de pensée ». Mais par « nos », il faut entendre non seulement ceux du Spectateur mais ceux des protagonistes de la scène. Ressurgit, entre regards échangés et visages à deviner, la question de conscience et de confiance : quelles sont vos intentions ?

À la fin de *Sabotage* donc, nous (S) assistons à la naissance de l'intention criminelle de Mme Verloc à son insu d'abord, puis nous découvrons avec elle sa (sur)prise de conscience, et de fil en aiguille (ou plutôt de tranche en couteau) nous assistons à la découverte par son mari de la poussée vengeresse de son épouse, nous voyons alors (paniqués comme elle) qu'il a vu, qu'il passe à la contre-attaque et elle à l'auto-défense. Il faut dire qu'avant d'en arriver à suspendre le spectateur à ce nouage d'intentions et de couverts, Hitchcock a bien tendu le ressort dans l'entrevue précédant le dîner : M. Verloc, voulant plaider sa cause (le petit Stevie est mort par accident parce que la police empêchait Verloc de poser la bombe lui-même !), s'enfonce dans l'ignominie et propose même à sa femme de faire un enfant de remplacement, bien à eux ! Mme Verloc impavide, telle une madone outragée, rompt en visière et se réfugie, au milieu des rires d'enfants, dans la salle de cinéma contiguë où tout semble oublié... jusqu'à ce qu'une flèche vienne pourfendre le héros du dessin animé : « *Who killed Cockrobin ?* ». Choquée, elle regagne son appartement (qui étrangement se tient derrière l'écran). Elle entre, va à la table, ôte le couvercle d'un plat et, debout, commence à découper le rôti, sous l'œil goguenard de son mari assis qui lui conseille de se ressaisir. Il soulève le couvercle d'un légumier et constate sur un ton de reproche que « les légumes sont encore trop cuits ». Contrechamp (en légère contreplongée, comme si nous partagions le point de vue de M. Verloc) sur Mme Verloc en plan buste, interdite. Elle pique une patate, raccord en gros plan sur son visage songeur qui regarde vers le bas, panoramique vers le bas sur ses mains tenant les grands couteau et fourchette, sa main droite tourne et retourne le couteau. Retour *cut* sur son visage perplexe, elle lève puis rabaisse les yeux. Retour au plan buste, elle rejette fourchette et couteau à découper, et reprend le service avec des couverts de table. Contrechamp sur M. Verloc continuant à bougonner sur les légumes et qui demande à ce qu'on envoie le petit chercher... Mme Verloc en contreplongée serrée suspend son service; plan de la place vide de Stevie sur laquelle convergent les regards de M. et de Mme Verloc. Retour en contreplongée sur le buste de Mme Verloc, dont la gestuelle nous laisse entendre (hors champ) qu'elle reprend en main les couverts. Raccord en gros plan sur ses mains armées à nouveau de la grande fourchette et du redoutable couteau à découper, qui soudain restent en suspens. Retour au plan buste de Mme Verloc qui repose les couverts, regarde ses mains, perturbée, se les frotte (comme pour les essuyer, façon Lady Macbeth), un *travelling* avant vient enserrer son visage en gros plan dardant son regard vers son mari. Gros plan de M. Verloc qui ressemble à un tigre inclinant la tête, comme s'il sentait quelque chose, il lève ses épais sourcils vers sa femme. Plan subjectif (du point de vue de M. Verloc) sur les mains croisées de sa femme (comme en retenue) devant le couteau à découper ; la main droite hésitante va pour reprendre le couteau... mais elle se rétracte. Le félin Verloc a vu, il lève davantage sa terrible arcade sourcilière, Mme Verloc est en pleine panique intérieure. Le tigre se lève, passe, avec ses chaussures grinçantes, entre la table et nous (S) provocant le recul du spectateur au fond de son fauteuil (*dixit*

Hitchcock à Truffaut), et fond sur sa femme : *travelling* avant frontal sur Mme Verloc. Raccord brutal à angle droit, il a pénétré son cadre, il est à ses côtés, menaçant; tous deux regardent vers le bas, la caméra suit le mouvement par un panoramique vers le bas, sur le couteau; la main de M. Verloc s'en approche mais Mme Verloc est plus rapide, elle a le couteau en main, recadrage vers le haut des deux bustes et *travelling* avant sur la confrontation de leurs deux visages; suspens, puis cris conjugués (sinon conjugaux!); *insert* sur la main de Mme Verloc tenant le couteau planté dans le ventre du sieur Verloc. Et voilà comment, messieurs les jurés, une femme tue son mari en toute innocence, et, si cette expression a jamais eu un sens : à son corps défendant!

41 *L'arrière-plan et le hors champ : implicite ou impliqué?*

Nous avons fait allusion à la notion d'arrière-plan, à propos du motif dans le tapis (de la vie), et évoqué sa parenté avec celle de hors champ au cinéma. Précisons. Nos croyances dans la vie, de même que les cadrages d'un film, se détachent sur un fond invisible qui les conditionne et les rend possibles : cette trame de fond qu'on nomme diégèse au cinéma et arrière-plan (socio-culturel) dans la vie courante, est actualisée par le hors champ au cinéma, par les formes de vie dans la vie. « Diégèse » désigne l'univers supposé par le film, le monde présupposé dans lequel se déroule l'histoire. L'arrière-plan – au sens que Wittgenstein et d'autres philosophes dans la descendance du pragmatisme (comme John Searle ou Robert Brandom) lui donnent – désigne ces faits de nature biologique et anthropologique d'une part (régularités du monde, perception, milieu), socio-historique de l'autre (intérêts, besoins, connaissances façonnés par notre culture) qui tissent la trame sous-jacente de nos manières de voir et de dire. L'invisibilité de cette toile de fond – sur laquelle font nécessairement fond nos croyances comme nos doutes et nos certitudes (« je ne peux pas dire que j'ai de bonnes raisons de penser que les chats ne poussent pas dans les arbres » Wittgenstein, 2006 : § 282) – entraîne couramment deux excès opposés : le préjugé de celui qui pense que sa raison est La Raison, son point de vue l'Évidence ; le scepticisme de celui qui croit qu'on peut douter de tout, que tout savoir est illusoire. Invalide ces deux excès (d'idées reçues ou de refus des idées) cet arrière-plan de connaissances que nous ne savons pas même avoir acquises (ce que Wittgenstein nomme « formes de vie »), ce réseau d'inférences logiques implicite (qu'il nomme règles ou « grammaire »), sur lequel brodent nos pratiques, visions et propos les plus courants.

Au cours de l'invention du langage cinématographique, ce qu'a créé le montage, comme jeu entre raccord (continuité) et suspens (interruption, alternance, ellipse), c'est une nouvelle dimension à l'écran, celle du temps à la fois physique et psychologique : tantôt continuité du récit, tantôt simultanéité des actions, tantôt séquence d'événements, tantôt disruption des affects ou pensées. Et ce qui se trame à travers et en dessous du montage – que le montage engendre et suppose – c'est le fond sur lequel désormais lèvent tous les plans, le tissu sur lequel brodent les raccords et les coupes : le hors champ comme omniprésence supposée d'un univers diégétique continu, englobant et débordant les actions visibles en cours, et dont un nouveau morceau peut (ou pourrait) apparaître à tout moment (contrechamp, montage parallèle, scène nouvelle). Le champ se trouve désormais sous la tension du hors champ, et l'image présente est affectée d'indices temporels qui peuvent la projeter en arrière ou en avant dans le cours du récit. Pour être plus précis, on pourrait qualifier d'absolu ce hors champ engendré par l'invention du découpage/montage, cette trame spatio-temporelle infinie, indéterminée, extensive, sur laquelle s'enlève désormais chaque plan. En ce sens le hors champ, davantage que ce qui ne figure pas dans le champ, serait ce qui invisiblement rend possible les champs. La trame sans laquelle il n'y aurait pas de point. Sous cet aspect absolu, le hors-champ est à l'univers et au langage cinématographiques ce que l'arrière-plan est à nos formes de vie et jeux de langage.

Mais il y a un autre sens, plus circonstancié et circonscrit, du hors champ, qu'on peut appeler « relatif » : c'est ce qui est autour du champ, contigu au champ et qu'un déplacement de caméra ou un contrechamp sur le même site dévoilerait, renvoyant le champ précédent au hors champ et prenant sa place sur le champ. Le hors champ relatif commence donc aux bords du cadre et cerne le champ de toutes parts (sur les quatre côtés du cadre, derrière le fond de l'image et en deçà de la caméra). Il est généralement signalé ou appelé par un élément de décor tronqué, un mobile ou un son traversant le champ, ou encore le geste, le regard d'un acteur vers l'au-delà du cadre. Le hors champ relatif est le complément aussi invisible qu'implicite de tout cadrage, il est supposé par la bonne compréhension du plan, dont le sens se détermine à la fois par ce qu'il montre et par ce qu'il exclut (ou cache). La conscience involontaire (comme on dit mémoire involontaire) du hors champ nous (S) fait sentir, pour ne pas dire voir, ce qu'on ne voit pas, mais dont la présence se trouve bel et bien suggérée par le champ visible. Chaque hors champ relatif est bien le hors champ d'un certain champ qui l'implique. Ce mécanisme d'implication/détermination du hors champ par le champ peut s'expliquer par notre capacité – à la fois automatique et logique, acquise grâce à notre faculté de perception et développée par l'expérience – d'inférer d'une partie à un tout (sur quoi mise le découpage et le cadrage) et de faire un tout avec des bouts (sur quoi repose le montage).

Pour saisir complètement le processus d'implication, il faut donc bien comprendre que le hors champ fonctionne à deux niveaux :
– un élément coupé ou un mouvement dans le champ peut faire signe vers le hors-champ relatif et appeler son apparition, ou manifester son manque, ou simplement inciter le spectateur à se représenter les prolongements non visibles de ce qu'il voit;
– mais inversement le hors champ absolu est présupposé par le champ qu'il rend possible et signifiant (c'est en cela qu'il s'apparente à l'arrière-plan qui sous-tend notre être au monde, nos croyances et connaissances).

Le champ suggère ou appelle un hors champ relatif; le hors champ absolu sous-tend la possibilité même d'appréhender un champ comme signifiant. L'implication a deux sens différents et presque opposés ici et là. Le *Vocabulaire européen des philosophies* (Cassin, 2004) note pertinemment qu'« implication » veut dire, au sens logique, « entraîner comme conséquence », alors qu'au sens courant cela signifie « comporter de façon implicite ». Distinguer l'implication qui consiste à tirer explicitement des conséquences, de celle qui engage des présupposés à notre insu, renvoie à la distinction que nous avons faite entre hors champ relatif et hors champ absolu. Le hors champ relatif, le spectateur le comprend (l'imagine, l'infère) par contextualisation, complémentation, connotation. Le hors champ absolu, qui ne relève pas directement du visible, est la toile de fond qui rend possibles et pensables le cadrage, l'inférence, la continuité. L'implication, dans ce sens d'implicite, est paradoxale : elle renvoie à l'idée étrange (sinon contradictoire) de « savoir implicite » voire de « connaissance non consciente ». Et pourtant, n'est-ce pas là le fond de toute culture, ce qui la rend d'un côté transmissible comme par osmose (apprentissage et mémoire sont en grande partie involontaires), d'un autre côté si difficilement traduisible parfois ? Appartenir à une culture (ou la posséder) n'est-ce pas justement être capable de reconnaître ce dont il s'agit même quand il s'agit de choses qu'on ne connaît pas ? Et l'intelligence ne consiste-t-elle pas à réussir à projeter, au conditionnel (cf. question 3), dans des situations inédites, ce que nous « savons inconsciemment » en faisant fond sur nos acquis d'arrière-plan ? Et voilà pourquoi l'intelligence peut être aussi la source des plus belles bévues !

Évidemment le langage cinématographique est fonction de cet espace de projection particulier qu'est l'écran, avec sa dialectique spécifique du montré/caché d'une part, de l'image et du son de l'autre. Le langage verbal marche bien sûr différemment dans la vie active, et la notion de hors champ n'y fonctionne pas de la même façon exclusivement audio-visuelle. Mais le cinéma nous apprend ici beaucoup – malgré ou plutôt grâce à ses effets de réduction, découpage et grossissement – sur nos façons courantes de penser, croire et comprendre. En les rendant sensibles à travers son usage systématique du hors champ, il nous aide à saisir des dimensions cognitives aussi essentielles et inaperçues que notre capacité d'inférence et le rôle de l'implicite qui sous-tend non seulement nos perceptions et raisonnements mais nos certitudes et nos croyances, et les rend possibles et agglomérables, de façon plus ou moins cohérente et efficiente selon les cultures, les époques et les gens. Comme le dit Wittgenstein (2006 : § 94) : « Mon image du monde, je ne l'ai pas parce que je me suis convaincu de sa justesse ; ou parce que je suis convaincu de sa justesse. Elle est la toile de fond dont j'ai hérité et sur laquelle je distingue le vrai du faux. »

Comment voit-on qu'il y a quelque chose qu'on ne voit pas ?

On a noté qu'il y a dans notre champ de vision des choses qu'on ne voit pas (nos taches aveugles, cf. question 18), et nous venons d'entrevoir, avec le hors champ, qu'il y a des choses que nous voyons sans les voir réellement, actuellement, parce que nous les imaginons, les supposons sans nous en rendre compte à partir de ce qui est visible, avec un fort taux de réussite dû à l'habitude (encore une fois les « nécessités conditionnelles » de Peirce, cf. question 3). Dans ce tissu d'apparentes contradictions, il y a en outre ce que met en exergue si pertinemment Balazs : (aperce)voir qu'il y a quelque chose que nous ne voyons pas, qui est caché ; donc **(perce)voir que nous ne voyons pas tel ou tel aspect qui du coup nous apparaît !**

« Dès les premiers temps du muet, relève Balazs, la microphysionomie avait déjà prouvé qu'on peut lire plus de choses sur un visage en gros plan qu'on n'en voit habituellement. Un visage aussi peut être "lu entre les lignes" si "le visage caché" y apparaît. » À propos du « masque d'acier » du comédien Sessue Hayakawa, prisonnier de bandits et confronté à sa femme qu'il doit faire semblant de ne pas connaître pour ne pas la perdre, Balazs note : « Son visage impassible ne trahit rien de ce que nous savons se passer en lui. Il fixe les yeux terrorisés de sa femme, et nous voyons que les bandits le croient. Et pourtant nous remarquons quelque chose dans la région des yeux. Ou plutôt non, pas "quelque chose" car nous ne pourrions pas le localiser sur cette face. **Mais nous voyons qu'il y a quelque chose que nous ne voyons pas !** Nous lisons entre ses traits non seulement un bouleversement intérieur, un amour ardent mais aussi dans son regard l'encouragement qu'il adresse à sa femme. [...] Le "visage invisible" nous est apparu, et il n'a été vu que par celle à laquelle il était destiné et... par le public » (Balazs, 1979 : 69, 70).

Cette paradoxale « expression cachée » nous renvoie à ce que nous avons dit de l'empathie et à ce que Hitchcock dit de « la réaction » (cf. question 13). L'expression « invisible » de Hayakawa, nous pouvons la lire moins parce qu'il la joue que parce que nous (Spectateurs) savons sa situation cornélienne, et plus encore parce que nous la voyons avec les yeux de sa femme, pour ne pas dire avec les yeux de l'amour. C'est ce contrechamp (la réaction de la femme) qui nous (S) confère par empathie une perception aiguë de l'intention dissimulée de Hayakawa : « je ne te connais pas // je t'aime », que nous ne pourrions lui prêter sans cela. L'expression que nous lisons/projetons sur le visage de l'acteur japonais est surdéterminée par l'effet Koulechov (qu'évoque notamment Hitchcock à propos de *Fenêtre sur cour*) : un gros plan sur un personnage qui regarde se trouve affecté, aux yeux du spectateur, par ce que ce personnage a vu au plan précédent ou vise dans le plan suivant. Si un personnage, affichant un visage neutre, a vu (c'est-à-dire si le montage nous fait supposer qu'il a vu) un enfant mort, nous lisons sur son visage la tristesse; si c'est une femme déshabillée, le désir; une assiette appétissante, la faim. C'est cette liaison affective, cette projection d'intention, causée inévitablement dans l'esprit du spectateur par ce type de raccord associatif qu'on appelle « effet Koulechov » (du nom du cinéaste russe qui l'a expérimenté dans les années 1920). La scène du « masque d'acier », analysée par Balazs, illustre exemplairement tout ce que nous avons dit de l'expression (cf. question 37). Ce n'est pas la mimique seule de l'acteur qui peut traduire une expression aussi controuvée (indifférence apparente et amour complice); c'est la dialectique des champs/contrechamps sur les visages de l'homme et de la femme, sous le regard tiers des bandits qui attendent qu'ils se trahissent, et devant celui du Spectateur qui tremble de les voir se trahir. Entre manifeste et dissimulé, simulé et sous-entendu, toute une histoire... à l'image du sourire de Mona Lisa !

43 *Un geste va-t-il trahir sa parole ?*

« Le romancier peut écrire un dialogue en y mêlant ce que les interlocuteurs pensent à part soi, remarque Balazs. Mais ce faisant, il brise cette unité, tour à tour comique et tragique qui crée le suspense, du propos parlé et de la pensée cachée, par laquelle cette contradiction se manifeste sur les traits d'un visage, et dont, pour la première fois, le cinéma nous a montré des variantes d'une richesse confondante » (Balazs, 1979 : 59). Ces écarts, accentuations ou contradictions entre le geste et la parole, la mimique et le verbalisé, peuvent trahir toutes sortes d'affects, révélation ou dissimulation. C'est évidemment le rôle de l'acteur, ainsi que du découpage, de grossir le trait significatif, le moment décisif, mais c'est aussi ce qui fait le poids ou le charme du témoignage documentaire sur le vif, qu'il s'agisse du cinéma direct à la Wiseman ou des entretiens tels que les mène, par exemple, Marcel Ophuls. La faculté de saisir la dialectique entre ce qui se dit et comment ça se dit, entre l'explicite et l'implicite, contribue grandement à la valeur documentaire originale de l'enregistrement audiovisuel par rapport à l'écrit. Le film sait capter et mettre en relief ces modalisations incontrôlées, intonations et attitudes, qui nuancent, modifient ou contredisent nos propos. La sensibilité du sens de nos mots et expressions à la situation, dont parle Sandra Laugier (cf. exergue), le cinéma nous la met sous les yeux. Ainsi la même phrase banale prononcée par le mari au début d'un repas en famille : « les légumes sont encore trop cuits, envoie le petit chercher une salade », devient une phrase doublement criminelle à la fin du film (*Sabotage*) :

1) parce que le mari (M. Verloc) a déjà oublié qu'il vient de faire sauter le petit avec la bombe qu'il lui avait « confiée » à son insu;

2) parce que cette phrase, goutte d'eau qui fait déborder le vase, va pousser Mme Verloc à venger le petit en embrochant son mari. Si le crime se voit légitimé par la monstrueuse gaffe de M. Verloc, il trouve en sous-main une autre justification ironique, teintée (osons le dire) de féminisme : « un mari peut mourir d'avoir dit une fois de trop que les légumes sont trop cuits, et c'est bien fait ! » pense le spectateur outré, comme l'héroïne, par tant d'égoïsme machiste.

Comme le dit Erving Goffman (1973 : 12), le spectateur ou « l'interlocuteur peut utiliser les aspects du comportement expressif du locuteur tenus pour incontrôlables pour vérifier la valeur de ce qu'il communique par les aspects contrôlables ». C'est à ce double jeu de trahison que nous convie Hitchcock, dans son fameux film tourné d'une seule traite comme un plan-séquence de 80 mn, *La Corde*. Double jeu, parce que nous, spectateurs, nous trouvons pris dans une injonction paradoxale (*double bind*) : nous craignons, comme les deux meurtriers eux-mêmes, qu'ils se trahissent au cours de la réception qu'ils donnent pour ainsi dire sur le cadavre de leur victime (caché dans un coffre qui sert de buffet !) ; nous souhaitons en même temps que ce meurtre gratuit, auquel nous avons assisté de façon complice dès la scène d'ouverture, soit découvert et les assassins arrêtés. Nous (S) subissons ainsi une double pression qui nous rend hypersensibles à tous les signes anxiogènes que la caméra et le jeu des acteurs ne manquent pas de manifester : allusions, provocations, sous-entendus, doubles sens, mimiques, trouble d'un des criminels au bord de craquer, gaffes, objets accusateurs (la corde pendant du coffre) attisent conjointement et de façon pendulaire « notre » peur d'être pris et l'envie qu'« ils » soient pris. Version ironique du : « Je suis la plaie et le couteau, et la victime et le bourreau », revu par le suspense hitchcockien. Et tous ces signes plus ou moins révélateurs, nous (S) les voyons à la fois du point de vue des meurtriers, du point de vue du cadavre (figuré comme un esprit hantant les lieux . les deux meurtriers ne portent-ils pas un toast vers le mort et nous spectateurs, cinq minutes après leur forfait ?) et de celui d'un observateur extérieur de plus en plus pénétrant (rôle endossé par le professeur James Stewart au fur et à mesure du film).

Découvrir ce qu'on sait déjà ?

Si le cinéma sait nous montrer que nous pouvons voir ce que nous ne voyons pas, il nous force aussi à constater que nous pouvons découvrir (avec satisfaction) ce que nous savons déjà ! On l'a déjà observé, à propos de scènes finales de Hitchcock dans lesquelles la vérité – que connaissait seul le spectateur du film, dévoré par ce secret en même temps que le héros – éclate au grand jour ou plutôt aux *sunlights*, puisque c'est très souvent dans une salle de théâtre ou de music-hall (cf. question 7). Nombre de théories critiques, pragmatistes ou sociologiques, ont soutenu l'importance de « l'espace public » (Habermas) et de la communauté scientifique et sociale (pairs, experts, collègues, témoins…) dans l'établissement et la reconnaissance des vérités. Stanley Cavell, quant à lui, a approfondi cette notion à travers la question du scepticisme (notamment dans sa thèse, *Les Voix de la raison : Wittgenstein, le scepticisme, la moralité et la tragédie*, 1996). À ses yeux, le scepticisme épistémique, celui qui porte sur la connaissance et conteste toute certitude, masque en fait un scepticisme plus profond, existentiel, portant sur la reconnaissance de soi, à la fois par les autres et par soi-même. Pour chaque individu, il s'agit de trouver sa propre voix (question de créativité) et sa place (question de démocratie) dans le concert des nations et des communautés humaines. Et sa place, il ne peut la trouver qu'avec une certaine reconnaissance publique, de même que sa voix il ne peut vraiment la connaître que si elle résonne aux oreilles d'autrui, et à condition qu'elle lui revienne bien en écho (qu'il puisse la reconnaître à son tour) comme la sienne, et non comme déformée ou étrangère. Or, dans la vie comme chez Hitchcock, il est toujours difficile de s'entendre en privé, c'est le nerf de toutes les affaires de couple ; et de se faire entendre en public, c'est le ressort de tous les quiproquos criminels.

On pense au malheureux publicitaire (dont les initiales signifient « pourri » : R.O. Thornhill), joué par Cary Grant dans *La Mort aux trousses* : pris pour un contre-espion par les espions, il ne parvient pas à se faire entendre quant à sa propre identité, si bien qu'il est envoyé à la mort, ivre mort, au volant d'une Mercedes... En ayant réchappé, il ne parviendra pas davantage à se faire entendre de la police, ni même de sa propre mère, tant les apparences jouent contre ce rigolo ! L'ironie de l'histoire, c'est qu'avant d'être pris au piège de ce quiproquo qui va faire de lui un homme, Thornhill apparaît bien comme un mélange amusant de frivolité et d'imposture : « Nous les publicitaires – dit-il à sa secrétaire dans le taxi qu'il vient de soustraire à un autre – nous ne mentons pas, nous exagérons la vérité. » Victime hasardeuse d'un coup monté par des plus cyniques que lui, il ne trouvera le salut qu'en assurant celui d'une femme (Eva Marie Saint), qui pourtant n'est pas une sainte, puisqu'elle l'envoie d'abord à la mort (par sulfateuse dans les champs). De cette belle infiltrée, dont on découvre qu'elle travaille pour la CIA, Thornhill suspendra le sacrifice « patriotique », en l'arrachant aux griffes des espions (et de la CIA), sous le regard sourcilleux des pères de la Nation sculptés dans la roche du mont Rushmore. Il est vrai qu'ayant auparavant viré sa cuti, Thornhill aura rivé son clou au Professeur (de la CIA) : « Si cette guerre froide vous amène à pousser des filles comme elle à coucher avec l'ennemi et à s'envoler avec lui sans espoir de retour, alors vous devriez peut-être vous préparer à perdre quelques guerres froides » (à 01 h 46' 40"). Le jeu de la vérité que met le plus souvent en scène Hitchcock (à l'exception de ses drames sans *happy end*) articule la quête amoureuse à l'enquête criminelle : au fur et à mesure que se noue le couple, se dénoue l'énigme policière, les criminels sont démasqués, comme si la vérité ne pouvait se faire entendre en public que si le couple parvenait à s'entendre en privé. *L'homme qui en savait trop*, dans son *remake* de 1956 en couleurs, avec James Stewart et Doris Day, en est le parangon, mais on trouve ce motif récurrent dès *Blackmail* (1929) et sous de nombreuses variations et fugues à travers l'œuvre du maître.

45 *Une question de reconnaissance ?*

Pour mieux découvrir ce qu'on sait déjà, quittons momentanément Hitchcock mais pour retrouver, dans la réalité si l'on peut dire, un de ses héros : John Ferguson (*alias* Scottie dans *Vertigo*). Dans leur film *Ellis Island* (1979), Robert Bober et Georges Perec nous entraînent sur « l'île des larmes », principal port d'accueil (ou de refoulement) des millions d'émigrants arrivant de toute l'Europe aux États-Unis, dans la première moitié du XXe siècle. Le film alterne le commentaire *off* de Perec sur des images des lieux désolés – Perec se demandant comment ressaisir, dans ce qui reste, ce qui s'est passé là au présent pour les arrivants – et la visite guidée du bâtiment avec un groupe de touristes, pour la plupart descendants d'immigrants. Le guide en uniforme de garde-frontière et chapeau façon police montée connaît son rôle et son texte, et la caméra le cadre et l'écoute de façon suivie. Arrivé dans la salle de sélection – où était testée la santé des débarqués (une lettre marquée à la craie sur l'épaule par un médecin pouvant signifier le bannissement) et leur « fiabilité » vérifiée par vingt-neuf questions posées par des inspecteurs en rafale et en anglais – le guide raconte la fameuse histoire du vieux juif russe (à 00.25'.47") : s'étant enquis auprès d'un bagagiste d'un nom sonnant vraiment américain et s'étant vu conseiller « Rockfeller », le vieil homme, interrogé sur son nom par l'inspecteur quelques heures plus tard, bafouille et répond en yiddish : « shoïn fergessen », « j'ai oublié », et se voit rebaptisé sur le champ « John Ferguson ». Vertige de l'identité ! (l'histoire ne dit pas quel était son vrai nom). Ce qui mérite notre attention ici, c'est qu'hormis deux plans de coupe, toute cette scène nous montre uniquement le visage et les gestes du guide, sans contrechamp sur l'assistance. Après un intermède, où Perec médite sur la légende du Golem qu'un mot sur le front pouvait animer et l'effacement d'une lettre détruire, la même histoire de « John Ferguson » revient, mais cette fois le guide et sa voix sont hors champ, la caméra reste braquée sur les visiteurs, sur ces visages attentifs, émouvants, de descendants d'immigrants, faisant figure de substituts, qui écoutent religieusement et rient de concert en entendant cette histoire qu'ils connaissent tous déjà par cœur (et nous S aussi, grâce à la scène précédente). Par cette répétition remarquable et la dissociation subtile du champ et de son contre-champ différé, Bober nous fait éprouver avec eux ce qu'ils éprouvent, et rire de bon cœur d'une blague que, comme eux, nous connaissons déjà : car ce dont il s'agit ici, comme le souligne le commentaire de Perec, ce n'est pas d'apprendre quelque chose mais de retrouver ensemble **quelque chose que chacun sait à part soi mais doit voir reconnue.** Ce qui se cherche ici, c'est une reconnaissance... Et c'est aussi pourquoi nous aimons tous les projections en bonne compagnie (même si elles peuvent parfois tourner au vinaigre, comme celle que s'administre le couple de Winter dans *Rebecca* ! cf. question 28).

Au cœur de l'œuvre de Hitchcock, à travers ses faux coupables (à la virilité vacillante) et ses femmes de moralité douteuse (au sens d'Emmanuelle Riva dans *Hiroshima mon amour* : « Je suis d'une moralité douteuse... je doute de la morale des autres »), n'est-ce pas ce drame de la reconnaissance qui se joue : ne pas être reconnu (typiquement les rôles de Joan Fontaine), éviter de reconnaître l'autre (typiquement le jeu de cache-cache entre Cary Grant et ces dames), être pris pour un autre (*La Loi du silence*, *Le Faux Coupable* ou *La Mort aux trousses*), ne plus savoir qui on est (typiquement Gregory Peck dans *Spellbound* et *Le Procès Paradine* mais aussi Ingrid Bergman dans *Notorious* ou *Under Capricorn*)... À ces drames de la reconnaissance qui se traduisent par notre perte du monde ou notre perte d'identité, le cinéma peut servir de remède, si l'on en croit les films de Hitchcock et les propos de Deleuze (« Nous redonner croyance au monde, tel est le pouvoir du cinéma moderne. » cf. question 24). En cas de doute persistant, la médecine pourrait ainsi prescrire deux séances de cinéma par semaine. L'écran, en nous portant à la réflexion, ne répond-il pas à la demande de Bernard Shaw (cf. question 24) : nous rassurer ?... à condition d'y bien voir esth-éthiquement comment on s'y prend les uns avec les autres, et quelles positions prendre et soutenir. Car ce que nous apprennent les placements et mouvements de caméra, tout autant que les différentes focalisations du récit, c'est à éprouver les positions prises ou subies par les uns et les autres, et ainsi à prendre position nous-mêmes, c'est-à-dire à mieux nous définir moralement.

46 *Suspense : prévu ou pas vu ?*

> Nos pratiques sont exploratoires, et c'est en vérité au travers d'une telle exploration que nous en venons à une vision complète de ce que nous pensions nous-mêmes, ou de ce que nous voulions dire. (Diamond, 2004 : 39)

C'est lorsque nous, spectateurs du film, partageons le regard d'un personnage ou d'un public présent dans le champ, participant de la situation, que nous nous sentons affectivement le plus impliqués. Nous (S) voilà surpris, attendris, horrifiés, amusés par le biais de la réaction, du regard, de la figure d'un acteur de la scène; et même si (ou d'autant plus que) nous (S) sommes avertis de ce qui va le surprendre, l'émouvoir ou l'horrifier. Notre empathie croît par anticipation... à la façon de ces gens atteints d'écholalie qui finissent vos phrases avec ou avant vous. Notre affect se voit amplifié par sa reconnaissance attendue sur le visage des autres, comme si nous le vivions davantage en l'appréhendant et le revivant avec et à travers autrui. Cet « attendu » et cette reconnaissance, c'est le secret du suspense : on a d'autant plus peur ou envie de rire qu'on s'y attend, qu'on partage d'avance son émotion. Nous (S) craignons et désirons à la fois que « ça » arrive, nous voulons à la fois différer et précipiter la chute, et par cette tension spéculative, notre jouissance spectaculaire se voit accrue : n'est-ce pas là le moteur de la *catharsis* ?

Mais le suspense ne joue complètement que si l'attendu ne se réalise pas automatiquement, si le différé entraîne la différence, s'il y a ce grain de sel révélateur ou ce grain de sable perturbateur qui fait que ça ne se passera pas exactement comme prévu : l'enjeu reste la marge de manœuvre (le fil du rasoir de l'action) entre ce qui doit arriver et ce qui va arriver, ou bien la façon originale (l'art et la manière) dont s'accomplit ce qu'on attend. C'est dans ces deux écarts, avec les réactions et les inventions qu'ils entraînent, que se jouent le plus souvent la morale des personnages et le style de leurs actes. Comme le souligne Solange Chavel (2011 : 147 à 154) à la suite de Cora Diamond, la morale pratique (ou la pratique morale) est une question d'exploration de la situation, de capacité d'improvisation et d'invention de solution (tantôt connue, tantôt nouvelle). Et quand cette invention est à la hauteur de notre attente, c'est vraiment l'aventure... et nous spectateurs nous sentons accomplis.

Le suspense, comme processus de reconnaissance différée, se situe à l'opposé du *scoop*, du coup de théâtre. Il ne s'agit pas d'apprendre quelque chose de nouveau, d'inédit, mais de reconnaître (de voir reconnu) quelque chose qui est déjà là. Le suspense naît le plus souvent non d'un manque de connaissance mais d'une méconnaissance (de l'autre ou de soi) ; il est produit non par un manque mais par un écart de savoir. (Et par une contradiction entre bonnes intentions et mauvaise volonté, ou mauvaises intentions et exécution retardée). Au cinéma, la configuration du suspense nous met sous les yeux, de façon dramatique, drolatique ou menaçante, ce qui constitue le fond de nos principaux questionnements moraux (tels qu'on les trouve par exemple dans les films noirs ou dans les documentaires de Marcel Ophuls) : la conjugaison en clair-obscur entre voir, savoir, ne pas voir, ne pas vouloir voir, ne pas vouloir savoir... « On ne savait pas » : après les massacres, c'est la réponse générale des faux naïfs et des collabos, voire des bourreaux eux-mêmes (cf. le procès de Nuremberg). Mais il ne s'agit pas vraiment de savoir, bien plutôt de ne pas voir ou ne pas vouloir voir, par intérêt, fanatisme ou simple conservation de soi et incapacité à résister. C'est le motif qu'allégorise Hitchcock dans *Une femme disparaît*, en mettant en scène un bel éventail de personnages dont les motivations plus ou moins égoïstes ou louches convergent pour éviter qu'on arrête le train et enquête sur la disparue. Les plus « sympathiques et innocents » semblent être ces deux Anglais qui, fort inquiets de rater le championnat de cricket si le train est retardé, ne veulent rien savoir et disent ne rien avoir vu. Est-ce bien innocent ? Ils se rattraperont plus tard, il est vrai, en passant à la résistance armée...

Au fond, ce qu'on ne veut pas voir, puisqu'on sait quand même, ce sont les conséquences ; c'est sur elles que porte plus spécifiquement le déni. « J'ai bien vu ci ou accepté cela, mais je ne pensais pas que ça mènerait (que ça menait) à ça ! » (voir le procès Eichmann ou *Le Chagrin et la Pitié* de Marcel Ophuls). Effectivement, penser, voir les conséquences, nous obligerait à nous reconnaître impliqués et responsables, et donc lâches ou coupables. Ce « je ne pensais pas » si lourd d'inconséquence, le suspense, comme reconnaissance attendue et différée, nous (S) pousse à le penser. Dans la mesure où ce qu'on (S) voudrait ne pas voir (horreur !), on ne peut éviter de le voir, du coup on souhaite le voir reconnu comme horreur et évité : « faites quelque chose ! » Une des plus belles scènes finales de Hitchcock est celle des *39 marches* : sur scène, Mister Memory, l'homme à la mémoire surhumaine, se voit forcé, par cette mémoire même, à répondre machinalement à la question du héros dans la salle (Robert Donat) : « qu'est-ce que les 39 marches ? », et à trahir ainsi publiquement le réseau d'espionnage qui l'emploie. Effectivement, on en sait assez, et il n'est pas question d'information ou d'ébahissement mais de reconnaissance et d'engagement.

À la différence du cinéma militant des années 1960-1970, qui pensait qu'il fallait « faire prendre conscience » au public des mécanismes ignorés de sa propre exploitation, le cinéma d'aujourd'hui – si tant est qu'il cherche à participer d'une critique et d'une sortie nécessaires de l'impasse économique et écologique – est confronté à une tout autre question : globalement les gens savent, mais comment faire pour que ladite « crise » soit reconnue pour ce qu'elle est (non pas accidentelle et passagère mais structurelle et chronique) et que soient envisagés sérieusement les changements de société pour y remédier ? Il ne s'agit plus d'affranchir le spectateur mais de percer le blindage d'un fatalisme à la mesure de l'impuissance surinformée qui l'étouffe. Il est assez significatif que deux cinéastes aussi différents que l'italien Nanni Moretti et l'israélien Avi Mograbi, qui se sont attaqués respectivement à Berlusconi en fiction (*Le Caïman*) et à Sharon en documentaire (*Comment j'ai appris à surmonter ma peur et à aimer Ariel Sharon*), aient choisi l'un et l'autre de ne donner dans leur film aucune information, « aucune révélation » sur *citizen* B ou *citizen* S. Pour savoir qui ils sont, vous n'avez qu'à ouvrir le journal, et si vous ne le savez pas c'est que vous ne voulez pas le savoir ! Les deux cinéastes se sont au contraire concentrés sur l'énigme de l'attraction que continuent d'exercer sur les électeurs, en toute connaissance de cause, le mafieux et le criminel de guerre. Reconnaître ou ne pas reconnaître ce qu'on a sous les yeux, « *that is the question* ».

Entre savoir et croire quel écart ?

« *Je sais* » a une signification primitive qui est semblable à celle de « *Je vois* » et qui en est parente (« savoir », « voir »). Et « *Je savais qu'il était dans la pièce mais il n'y était pas* » est semblable à « *Je l'ai vu dans la pièce mais il n'y était pas* ». « *Je sais* » est censé exprimer une relation non entre moi et le sens d'une proposition (comme « *Je crois* »), mais entre moi et un fait. De telle sorte que le fait est enregistré dans ma conscience. [...] L'image du savoir, ce serait alors la perception d'un processus extérieur à partir des rayons lumineux qui le projettent tel qu'il est sur le fond de l'œil et dans la conscience. Mais la question se pose aussitôt de savoir si l'on peut aussi être certain de cette projection. Et cette image montre en vérité la représentation que nous nous faisons du savoir, mais non à proprement parler ce qui fonde celui-ci. (Wittgenstein, 2006 : § 90)

À travers les visions croisées qu'il nous offre, le film nous (S) fait éprouver un questionnement majeur de la psychologie comme de la philosophie : l'articulation et l'écart entre croire et savoir. Conceptuellement, on croit tout ce qu'on sait, forcément; mais l'inverse ne fait pas sens. Croire n'est pas savoir, c'est à la fois moins, puisque je ne suis pas certain; et plus, parce que « je crois » déclare un engagement existentiel personnel. La différence entre ces deux capacités se marque le plus clairement avec l'expression de leur perte : « Il ne croit plus rien » – « Il ne sait plus rien ». Ce constat – ci évoque quelqu'un qui a perdu la mémoire; ce constat-là quelqu'un de désespéré. « Savoir » semble reposer sur l'acquis, « croire » miser sur l'avenir. « Croire » relève d'une dimension volontaire et projective dans le futur, traduit un certain pari ou espoir (parfois illusoire) dans l'avenir. D'autre part, comme l'éclairent d'une lumière noire les remarques de Javier Marias (cf. « Fragment et énigme et hasard effrayant », *in* 2001), « je crois » est toujours marqué du sceau du présent immédiat, de la conviction actuelle : la vérité pour moi, c'est ce que je crois ou vois maintenant (d'où notre déstabilisation quand une perception ou une conviction se voit aussitôt contredite par une autre : Marias évoque les discours opposés de Brutus et Marc-Antoine sur la mort de César, emportant successivement l'adhésion). Il est rare, pour ne pas dire impossible, d'entendre quelqu'un dire : « je crois cela mais demain je n'y croirai plus », ou « hier je croyais que bleu, aujourd'hui je crois que vert, mais c'est hier que j'avais raison ». « D'où vient cette magnifique certitude que c'est ce qui vient en dernier qui est vrai ? » s'interroge Marias (2001 : 293), qui en déduit que la vérité ne semble paradoxalement s'affirmer (et se réitérer) que dans le temps si bref et passant du présent de l'indicatif, « ce temps qui dénote tout ce que l'affirmation en question aspire à esquiver et à chasser de son énoncé : la nature transitoire, le passage du temps, le devenir, tout ce qui implique nécessairement un changement et la fin de quelque chose ». « Croire » comme « amour » rime avec toujours, et c'est un toujours qui n'est qu'un maintenant ! Et un maintenant chasse l'autre... comme nous l'expose le déroulement du film avec ses changements de points de vue et sautes dans le temps ! Ce n'est pas le moindre paradoxe de la condition humaine que le verbe qui nous sert à exprimer (à l'indicatif présent) notre conviction personnelle pour aujourd'hui et notre engagement pour demain, soit grevé par l'hypothèque du précaire, de l'éphémère, du faillible. Aucune philosophie ne saurait être actuelle sans tenir compte de ce faillibilisme, du fait (anti-platonicien) que la vérité advient et devient. N'est-ce pas justement le rôle des œuvres esth-éthiques de nous aider, par la découverte de nouveaux aspects, à répondre à cette obligation : exercer et aiguiser notre jugement face aux alternatives et aux changements ?

Quand je vois le film projeté, il y a ce que je (S) crois avec tel et tel personnage (par l'entremise des différentes figures de caméra subjective), et il y a ce que je sais sur les personnages (grâce à la caméra objective, panoptique neutre ou *audience camera*). Et ces deux dimensions peuvent se compléter ou se contredire, d'autant que le plus souvent j'ai (S) le loisir de partager le point de vue subjectif de plus d'un personnage. « Partage du regard » est une expression d'autant plus appropriée que je (S) me trouve généralement partagé entre ce que croit le personnage que je suis du regard, et ce que je sais par ailleurs grâce à la caméra objective ou au point de vue d'un autre personnage. C'est évidemment de cette tension, de ces torsions, que se nourrit le suspense cinématographique, et pas seulement chez Hitchcock. C'est cet écartèlement – entre croire soi-même, croire avec l'autre, voir ce que croit l'autre, et savoir – qui nous (S) entraîne irrésistiblement à penser : « elle va se jeter dans la gueule du loup », « ah si tu savais ! », « oh la perfide ! » ou « attention

Guignol ! » ; et qui nous fait réfléchir à nos aveuglements comme à nos clairvoyances. Ce point de vue élargi ou alterné, que nous (S) confèrent cadrages et montage, nous permet de relativiser, non pas au sens idiot de « tout est relatif », mais au sens d'étendre notre compréhension des relations, c'est-à-dire d'affiner l'exercice de notre jugement et d'acquérir cette « vision synoptique » dont Wittgenstein fait l'aboutissement de la quête esthétique.

Bien sûr, comme nous l'avons observé avec *Suspicion*, je (S) peux me laisser prendre par la vision exclusive d'un personnage et prendre ce qu'il croit (ce que je crois avec lui) pour la réalité, toute la réalité, et me demander (avec elle en l'occurrence) si ce que je crois de son mari – qu'il est un assassin en puissance – m'autorise à conclure que je sais que c'est un assassin ! Bonne leçon de psychologie morale, administrée par celui que le critique du *New York Times* (20/12/1969) appelait « un des cyniques les plus moraux de notre époque » ! Potion complémentaire : *Le Faux Coupable*, où le spectateur pétrifié voit nombre de bonnes gens affirmer sans l'ombre d'un doute que c'est bien lui, Balestrero (Henry Fonda), le braqueur, alors que nous (S) savons comme lui-même que ce n'est pas lui. Cependant sa pauvre femme, devant tant d'accusations kafkaïennes, finira par perdre les pédales et tomber dans le gouffre du doute, atteinte par ce vertige qui est un des thèmes de prédilection de Hitchcock : si tant de gens y croient, cela ne finit-il pas par faire une vérité apparente et accablante ? et par faire passer pour fou ou rendre fou celui qui la conteste ou en fait les frais ? N'est-ce pas ce qui advient au malheureux détective John Ferguson (alias Scottie) dans *Vertigo*, après le jugement pour le moins désabusé (et d'autant plus accablant) porté sur son manquement après le suicide de Madeleine qu'il n'a su empêcher ?

Je (S) peux aussi, comme ce défaillant héros, être abusé, de façon particulièrement retorse, par la mise en scène : entendez qu'en tant que spectateur, vous vous faites avoir par la mise en scène romantique d'Alfred (vous y croyez), comme Scottie se fait avoir par celle de Gavin Elster et de sa fausse Madeleine (dont nous tombons aveuglément amoureux)... Pour ensuite, aux deux tiers du film – la caméra et donc votre regard ayant repris ses distances avec son héros fêlé – découvrir (comme lui, mais avant lui) le coup monté. Ce renversement, qui bouleverse et décentre complètement la vision du spectateur, est un coup de génie qu'a imposé Hitchcock à une demi-heure de la fin, contre l'avis de ses scénaristes et coproducteurs qui en tenaient pour le coup de théâtre final. À partir du *flash-back* révélant la scène de meurtre dans le clocher, vous en savez plus que Scottie mais vous voulez croire alors, comme Judy, que l'amour fou pour la morte (Madeleine) peut être avantageusement remplacé par celui, bien réel, de son vivant sosie (Judy). Et vous savez, puisque Judy ne s'est pas enfuie mais a pris le risque de rester pour l'amour de Scottie, qu'elle est vraiment amoureuse, et vous y croyez. Mais quand Scottie à son tour saura, il refusera de croire à cet amour et à un nouveau départ, et il voudra savoir jusqu'à la lie combien il a été dupé, et provoquera ainsi la mort de celle qui fut à la fois son faux et son véritable amour. On peut certes comprendre son désarroi et sa colère : ce que Scottie découvre en voyant le pendentif de Madeleine au cou de Judy, ce qui se cachait derrière la trappe (nigaud) du clocher où il ne pouvait monter, ce n'était pas seulement une tromperie (comme on le dit d'un cocu), c'est que son objet d'amour n'existe pas, c'était un leurre fabriqué de toutes pièces par un autre (Elster) pour l'ensorceler et le duper ! *Vanitas vanitatis* : Scottie n'a étreint que du vide, et après la chute définitive de Judy, au dernier plan du film, ce vide se referme sur lui ; même s'il n'a plus le vertige, il est seul et perdu sur son clocher comme un gardien de phare au milieu des flots ! Aurait-il mieux fait de la croire plutôt que de tout vouloir savoir ?

Qui sait quoi ?

> La vérité tout entière ni le bien tout entier ne se révèlent jamais à un seul observateur, même si chaque observateur gagne une supériorité partielle en raison de la situation particulière qui est la sienne. (W. James, *On a Certain Blindness in Human Beings*, Chavel, 2011 : 180)

Comment se distribue le savoir entre les trois grandes instances du film (F/P/S) : le Filmeur (ou Énonciateur, tel que nous l'avons défini), le(s) Personnage(s), le Spectateur. Moi Spectateur en sais-je plus ou moins ou autant que tel ou tel Personnage ? En sais-je autant ou moins que le Filmeur ? Un Personnage avec la complicité du

Filmeur me cache-t-il quelque chose ? C'est là l'enjeu dramatique et psychologique de tout récit filmique (cf. Gardies, 1993) et le nœud de son dispositif, le moteur du suspense par excellence. Où et avec qui va se trouver placé le spectateur au sein ou au-dessus du cours dramatique des événements. Évidemment, cette place peut varier, comme on vient de le voir avec le revirement dans *Vertigo*, ou bien dans *La Mort aux trousses*, avec le montage parallèle nous (S) amenant soudain dans le bureau du Professeur et nous révélant ce que Thornhill (Cary Grant) ignore : qu'il est le jouet d'une machination de la CIA. Dans ces deux cas, le Spectateur en sait autant que le Filmeur et plus que le héros (FS > P) ; c'est souvent l'*audience camera* qui traduit le plus significativement cette supériorité. Le Spectateur peut n'en savoir pas plus que le Filmeur ni que l'héroïne ou héros dont il suit anxieusement les découvertes, comme dans *Suspicion* (F = S = P). Le Filmeur et tel personnage peuvent en savoir plus que le Spectateur qui se trouve roulé dans la farine (FP > S), à la façon du *flash-back* mensonger qui inaugure *Le Grand Alibi*. Le cas spécial où le(s) personnage(s) en saurai(en)t plus que le Spectateur et le Filmeur (P > FS) ne peut exister qu'en documentaire ; on voit mal comment un personnage de fiction en saurait plus que son auteur ! Il y a aussi le cas stressant du montage croisé, où le Spectateur suivant successivement, avec le Filmeur, l'un puis l'autre des principaux protagonistes, sait sur chacun des choses que l'autre ignore. C'est l'angoissante structure de *L'Ombre d'un doute* par exemple. Ces inventions de montage parallèle ou alterné ont été décisives dans les évolutions du langage cinématographique ; saluons au passage l'évolution concomitante de l'intelligence du spectateur, capable de suivre avec célérité ellipses, analepses, prolepses, faux-raccords, montage à distance et autres contrepoints...

Inutile de poursuivre notre relevé des équations F/P/S, distribuant plus ou moins de savoir entre les instances ; chaque cinéphile pourra en inventorier des variantes à travers ses films favoris. Et ces variantes quelles qu'elles soient nous (S) apprennent non pas que tout est relatif mais que les vérités dépendent de systèmes de coordonnées et de relations, ainsi que du point du temps d'où on les regarde, qu'elles s'ordonnent et s'accordent ou se désaccordent selon une (ou plusieurs) perspective(s).

Ne passons-nous pas notre temps à nous reprendre ?

Quand le nouveau présent paraît, le passé est le passé d'un présent différent. Preuve que le jugement n'est pas une simple énonciation de ce qui existe déjà mais une requalification existentielle. (Dewey, 1993 : 317)

Les images ne sont pas sages : elles changent, comme les paysages, suivant le moment et le chemin qui nous y mènent ou les ramènent. Nous voilà repris, comme dans *Vertigo* ou *Sans soleil*, dans les spirales et les replis vertigineux du temps qui transforme les vérités d'hier en erreurs aujourd'hui, les certitudes d'alors en croyances fausses maintenant, les souvenirs en fables mais aussi des prémonitions en vérités, des hypothèses en savoir... des ombres en lumières ou l'inverse. Dans le prologue de *Rebecca*, comme au début de *Citizen Kane*, nous (S) traversons, comme en rêve, une grille interdisant l'accès d'un parc, puis nous avançons dans l'allée brumeuse bordée d'arbres tantôt lumineux tantôt ombrageux, guidés par un mélange d'*audience camera* et de caméra subjective, car la voix *off* d'une narratrice (Joan Fontaine) nous fait partager sa vision. « Hier soir j'ai rêvé que je retournais à Manderley, je me voyais devant la grille menant à l'allée. D'abord je ne pouvais entrer, l'accès m'était interdit, puis comme tous les rêveurs j'étais investie de pouvoirs surnaturels et traversais la grille comme un fantôme. L'allée sinueuse serpentait devant moi mais en avançant je sentis comme un changement, la nature avait repris ses droits. [...] Le clair de lune nous joue parfois des tours. Soudain je crus voir de la lumière aux fenêtres, mais un nuage vint masquer la lune, il s'attarda un instant comme une main gantée sur un visage. Avec lui s'envola l'illusion. Aucun murmure du passé ne s'échappait de ces murs. Je ne voyais plus qu'une coquille vide. Nous n'irons plus jamais à Manderley, c'est certain, mais il m'arrive de revenir en rêve à cette étrange période de ma vie... » Ce jeu d'ombres et de lumières, ce Manderley tantôt brillant de fêtes enfuies, tantôt sinistre et menaçant comme une ruine gothique, est une parfaite allégorie de ce changement d'aspect et de tonalité que peut prendre notre vision du monde et de notre vie, selon le moment regardé et d'où l'on regarde. Ce sentiment changeant, cette sensation instable de clair-obscur qui nimbe notre rétrospection, n'est-ce pas ce que

Hitchcock met ostensiblement en scène lorsque le couple de Winter, défait, regarde dans le noir les images lumineuses de son voyage de noces comme celles d'un bonheur enfui (cf. question 28) ? C'est seulement le déroulement du film comme un long *flash-back*, passant de la comédie au drame, du rêve au cauchemar, qui donnera son plein sens contrasté au prologue de *Rebecca* : comment une jeune fille au pair un peu nunuche épouse, sur la Riviera, un prince veuf réchappé du suicide grâce à elle (comédie), puis se trouve précipitée dans le château hanté du prince (drame) qu'une revenante jalouse, l'ancienne maîtresse des lieux, finira par faire incendier par sa gouvernante possédée... Manderley est réduit en cendres mais avec lui l'ombre de mort qui planait sur l'amour survivant de la nouvelle épouse et du prince remarié. À l'inverse de *Vertigo*, ici la vivante finalement l'emporte sur la morte.

Le sens des choses, des événements, de nos vies est en perpétuelle reprise, et il continue de l'être après notre propre disparition (dimension omniprésente dans le cinéma de Marker qui projette régulièrement le spectateur dans un temps d'après sa mort ; Cavell (1991) ne dit-il pas qu'« aller au cinéma, c'est voir le monde en notre absence »). Pas plus que les volutes de fumée qui se referment sur Manderley ou Xanadu, ces reprises ne pourront faire que les morts reviennent à la vie ; mais elles peuvent permettre de leur rendre justice ou de dissoudre leurs fantômes. Suffiront-elles pour autant à éviter que nous retombions dans les mêmes erreurs ou errances ? et que le mort ne saisisse le vif, à la façon des spectres de Rebecca ou Madeleine ? Le sens des choses, des événements, de nos vies est en perpétuelle reprise car ce qu'il advient de nouveau rebrasse sans cesse le sens, les raisons et les conséquences de ce qui s'est passé (ce que corroborent les révisions plurielles de l'historiographie). Vaste mouvement spirale allant s'élargissant et s'épaississant, jusqu'à ce que ce moment du monde, à force d'ellipses, s'estompe, ne soit plus qu'images, légendes ou hiéroglyphes comme dans « la zone » de *Sans soleil*... Si l'on n'a pas saisi cela – que l'histoire est contingente et que le sens se noue et se dénoue par reprises – si l'on croit que l'actualité épuise d'un *scoop* la vérité dans l'éclair d'un *flash*-info, alors on n'a pas compris ce qu'est l'histoire, ni notre histoire, ni simplement ce qu'est « le cours » de la vie, au sens où Rosat dit que nos émotions et expressions « ont un cours » (cf. question 37). Ce qui noue vie et histoire, ce sont ces reprises du sens de l'existence, ces transformations réitérées de ce qu'on hérite par ce qu'on fait et transmet : la liste des choses qui font battre le cœur… liste que nous devons réviser toute notre vie pour la mettre à jour !

Voir, est-ce que ça s'apprend ?

> Nos désaccords moraux ne s'expliquent pas toujours par un différend sur les principes ou les arguments en jeu. Bien souvent, il semble plus exact de les décrire comme des différences de vision. Aussi bien le vocabulaire courant que d'importantes théories philosophiques proposent de voir dans l'échange de places et l'élargissement du point de vue une condition essentielle pour bien juger moralement. (Chavel, 2011 : 8)

Nos manières d'estimer, notre adaptation morale aux circonstances, ont bien quelque chose à voir avec notre façon d'accommoder (notre regard). « Accommoder » au sens visuel, c'est tout autant laisser son regard s'habituer à une nouvelle lumière que faire le point sur tel ou tel plan, tel ou tel détail. Et le verbe « accommoder » s'emploie aussi pour l'adaptation à une situation « dont il faut s'accommoder ». Ici comme là, le terme désigne un mélange d'adaptation passive et de choix volontaire de cadrage, de focalisation (ce qui le rend parent du *voir-comme* analysé plus haut).

Au cinéma, Luc Moulet l'a bien dit, « la morale est une question de *travelling* » ; entendons que les choix de découpage, de mouvement de caméra, d'angle de vue, les manières de montrer déterminent le sens de ce qu'on montre, dans l'exacte mesure où ce sont ces choix décisifs qui construisent et attribuent les différentes positions, y compris celle(s) du spectateur, relativement à la situation. Si le cinéma est un art du temps par le montage, c'est un art de position par le cadrage. Et ces deux dimensions sont comme les coordonnées auxquelles se mesurent la moralité et la responsabilité de nos visions et de nos actions. « À quel moment cela s'est-il passé ? Où étiez-vous ? » sont les deux grandes questions que posent les enquêteurs et les juges. Et ne dit-on pas couramment : « vous me placez dans une drôle de position », « il faut voir les choses sous un autre angle », « je le vois sous un nouveau jour » ? Dans la vie comme au cinéma, le jugement moral est une question de coup d'œil, de vision, de position, et de sens des possibles et des conséquences. Faire voir, mieux voir, voir autrement, s'apercevoir… On sent bien que du regard au jugement il n'y a qu'un pas, pour ne pas dire un pont, voire une coalescence. À la différence de bien des théories qui opposent valeur à fait, Wittgenstein et ses héritiers, tel Hilary Putnam (2004), soutiennent que nos manières de voir et décrire et montrer (« les faits ») ne peuvent être sans critères, liées qu'elles sont anthropologiquement à notre accord dans le langage et nos formes de vie. Il n'y a pas de vision neutre sans point de vue, « pas d'aspect qui ne soit une saisie », de même qu'il n'y a pas de recueil de données sans question posée, sans évaluation. Dans la vie comme au cinéma, il s'agit bien d'orienter son regard, de voir-comme ci ou voir-comme ça… Et comme le dit Emmanuelle Riva, au début de *Hiroshima mon amour* : « Tu vois, de bien regarder, je crois que ça s'apprend. » Dans ce film qui a été « le sismographe de l'époque », selon l'expression de Serge Daney, l'existence (et la survie commune) se jouent dramatiquement entre cette volonté de bien voir et l'impossibilité de voir tout (c'est le *leitmotiv* de l'amant japonais) : « Tu n'as rien vu à Hiroshima », et aussi l'incapacité de voir (les conséquences), l'aveuglement : « ça recommencera… ». Aux yeux de Wittgenstein, la difficulté et le rôle de la philosophie, c'est précisément de « voir (et décrire) ce qu'on a sous les yeux ».

L'expérience esthétique, qu'il s'agisse d'un film, d'un tableau ou d'un roman, est une aventure de la sensibilité : éprouver l'œuvre modifie notre manière de ressentir et notre regard sur le monde, en nous offrant de voir de nouveaux aspects, de voir autrement. Les œuvres qui comptent dans notre vie sont celles qui ont modifié ou enrichi notre point de vue. Mais y a-t-il une différence sensible (c'est le cas de le dire) entre cette sensibilité et « le sens moral » ? Nos mœurs sont bien l'incarnation de notre « morale » (c'est leur sens latin), en même temps que nos « formes de vie ». Wittgenstein remarque qu'esthétique et éthique sont une même chose, et qu'il n'y a pas de propositions éthiques, car, comme la logique, l'éthique est partout dans notre langage et nos conduites. Notre morale ne se trouve pas dans le moralisme des commandements religieux ou des préceptes philosophiques, mais dans notre capacité de discernement, de jugement et de décision *in situ*, c'est-à-dire de réaction à des alternatives : faire des différences dans la situation et faire la différence quant aux conséquences, estimer ce qui est important, ce qui compte, ce qui est meilleur ou pire ou sans intérêt, voir ce qui vaut d'être sauvé, défendu, poursuivi ou stoppé, critiqué, refusé ? Mais faire ces différences implique de pouvoir se mettre à la place d'autrui, pour deux bonnes raisons : mesurer la conséquence de nos actes si nous avions à en pâtir comme de ceux d'un autre (impératif kantien), et apprendre d'autrui ce que nous n'avons pas vu et devons savoir pour mieux juger de la situation (pluralisme pragmatiste).

Pour toutes ces raisons, les leçons de morale (non pas de moralisme), disons les leçons de conduite, nous viennent effectivement des (bons) romans, pièces de théâtre, films, qui sont comme des laboratoires de nos manières de voir et faire, de nos cas de conscience (et questions de confiance) réels ou possibles. Comme l'explique Hans Glock à propos de la notion de « formes de vie » (Glock, 2003 : 257) : « Les humeurs ou attitudes intentionnelles ne peuvent pas être décrites simplement sur la base du comportement instantané d'un individu, elles nécessitent la description de tout un environnement. Ce contexte n'est pas constitué par des accompagnements de nature mentale mais par : a) les capacités du sujet ; b) la totalité de l'histoire de l'événement, ce qui s'est passé avant et après ; c) le contexte social, c'est-à-dire les jeux de langage pratiqués dans la communauté linguistique du sujet. [...] Les termes intentionnels se réfèrent à des motifs dans la trame de notre vie (« *Lebensmuster* »). » Et voilà pourquoi le cours de nos émotions et intentions et agissements, avec leurs raisons vitales, leurs expressions et conséquences variables, trouve à se dérouler sous nos yeux et à se réfléchir au mieux dans les arts dits justement dramatiques.

Conclusion
Attention à la marche !

Presque chaque art est une forme de fantaisie consolatrice et peu d'artistes parviennent à une vision du réel. [...] Le consommateur de l'art a une tâche équivalente à celle du producteur : être suffisamment discipliné (moralement) pour voir dans l'œuvre autant de réalité que l'artiste a réussi à y mettre, sans en faire un usage magique. (Iris Murdoch, *in* Chavel, 2011 : 190)

Les films d'Alfred Hitchcock ont ceci de remarquable que nous (S) pouvons les voir et accommoder notre regard à trois niveaux différents :

– Le premier niveau est celui du « *thriller* », polar ou mélo, que d'aucuns, aveuglés par le suspense, trouvent réaliste, simplement parce qu'on y croit ! C'est là le Hitchcock amuseur public et « maître du suspense », rôle dans lequel sir Alfred s'est toujours complu, préférant invariablement l'« *understatement* » (sous-entendu et fausse naïveté) à la prétention.

– À un deuxième niveau, ses films nous touchent et nous inquiètent, en deçà du suspense, par leur puissance onirique ou kafkaïenne, et la régression infantile qu'ils entraînent chez le spectateur. Ce sont majoritairement des histoires de faux (et vrais) coupables à dormir debout mais tous les détails (qui tuent) paraissent si vrais, les quiproquos si absurdement plausibles (comme dans nos rêves), nos ustensiles si fortement filmés comme des entremetteurs compromettants (Decobert, 2012), les sous-entendus sexuels si évidemment inaperçus (revoir, parmi cent exemples, la scène de rasage de Cary Grant, dans les toilettes de la gare de *North by Northwest*), que tout cela finit par composer d'hallucinantes allégories pleines d'esprits et de sous-entendus, de « *double bind* » et de double langage, exacerbant notre (S) sensibilité animiste, infantile, paranoïde (comme on voudra dire) aux mauvaises intentions et aux situations douteuses, comme dans les contes. Certains ont voulu voir là un Hitchcock versant dans la psychanalyse. Alfred, toujours bonhomme, a laissé dire. Il serait réducteur, il me semble, de chercher la clef du cinéma de Hitchcock de ce côté-là. La psychanalyse est-elle plus qu'un prétexte ou une trame assez sommaire (comme on le voit dans *Spellbound*, *Psycho* ou *Marnie*) pour donner libre cours à la broderie de la caméra subjectivante et subjuguante du maître sur le scepticisme existentiel des hommes en crise d'identité et des femmes « de moralité douteuse » ?

– À un troisième niveau, c'est le jeu de cache-cache du film avec le spectateur, la fameuse direction de spectateur revendiquée à juste titre par un Hitchcock cinéaste expérimentateur. De cette règle du jeu à géométrie variable, changée à chaque film, nombre de cas de figure ont été analysés au cours de ces pages : vision exclusive, voire abusive, à travers un personnage (*Soupçons*), vision fallacieuse d'après faux témoignage (*Le Grand Alibi*), visions parallèles et conflictuelles de deux personnages (*L'Ombre d'un doute*), triples visions contraires superposées (*La Corde*), visions successives inversées (*Vertigo*), vision prise au piège et vision aérienne (*La Mort aux trousses*), etc. Le principe efficace sous-tendant ces formidables inventions et variations, est celui-ci : que doit croire ou mettre en doute le spectateur, et à quel moment ? Qu'est-ce que la caméra va lui faire croire, en lui montrant les choses sous quel aspect ? Du point de vue de qui ? Et cet aspect ou ce point de vue va-t-il se modifier au cours du film ? On voit, à ces questions de cadrage et de mise en regard, l'écart qui sépare la mise en scène cinématographique de l'écriture scénaristique, et le génie visuel et rythmique qui sublime celle-ci par celle-là. On constate aussi le recoupement de « l'imaginerie » cinématographique avec l'imagination morale sur la question des prises de position.

Ce qui est frappant chez Hitchcock – outre le double jeu du suspense et de la reconnaissance – c'est ce talent d'alchimiste pour intensifier affectivement le déroulement de l'action, d'une part en la précipitant (par monts et escaliers), et d'autre part en dilatant certains moments révélateurs, en grossissant des détails (objets ou gestes) qui se chargent d'une importance menaçante quasiment surréaliste. Passe ainsi paradoxalement pour réaliste ce qui est fantasmatique, et *vice versa*. C'est la puissance virtuose de ce chiasme qui emporte notre créance et qui fait de ces films inoubliables des allégories obsédantes de notre faillible et merveilleuse, risible et tragique condition d'humains toujours suspendus à la crainte que le sens nous échappe.

De cette drôle de condition, confions le commentaire final et assassin à l'esprit de l'escalier – qui, comme il se doit chez Hitchcock (Decobert, 2008), est à double révolution et à double entente – en imaginant, sur la dernière marche, revenant de la chambre de sa femme après délivrance du verre de lait (empoisonné ?), Johnny bouche d'ombre dire, avec toute l'élégance inquiétante d'un Cary Grant : « L'ai-je bien descendu ? » Et pourtant, un lustre plus tard – dédoublement, inversion ou reprise ? – le même Cary Grant ne descend-il pas un même escalier, emportant, au péril de sa vie, sa femme (changée en Ingrid Bergman) alanguie sur son épaule, pour la sauver justement de l'empoisonnement… ? D'un film à l'autre, à travers l'œuvre obnubilante de Sir Alfred, quelques grands motifs, moraux et esthétiques, se répètent avec variantes, inversions et retournements, à la façon de variations et fugues en miroir : ainsi les escaliers, qu'il vaudrait peut-être mieux ne pas gravir… Dans nos conduites morales comme dans les films de Hitchcock, décider ou accepter ou être forcé de descendre ou monter un escalier peut changer la vie, nous sauver ou nous perdre… Éclairés par la petite lampe de l'ouvreuse et la lumière de l'écran, à nous de faire attention à la marche, toujours susceptible de se dérober dans l'ombre du doute.

Bibliographie

ANDERS, Günther, *Journaux de l'exil et du retour*, Paris, Fage, 2012.

AUSTIN, John, *Philosophie analytique*, Cahiers de Royaumont, Paris, Éditions de Minuit, 1962.

—, *Le Langage de la perception*, Paris, Vrin, 2007.

BALAZS, Béla, *Le Cinéma*, Paris, Payot, 1979.

BAZIN, André, *Qu'est-ce que le cinéma ?*, Paris, Éditions du Cerf, 1985.

BENOIST, Jocelyn, *Sens et sensibilité*, Paris, Éditions du Cerf, 2009.

BERGALA, Alain, « Alfred, Adam et Ève », dans Dominique Païni et Guy Cogeval (dir.), *Hitchcock et l'art*, Paris – Milan, Mazzota – Centre Pompidou, 2000.

BERGER, John, *Voir le voir*, Paris, B42, 2013.

BERTHOZ, Alain, *Le Sens du mouvement*, Paris, Éditions Odile Jacob, 1997.

BERTHOZ, Alain, JORLAND, Gérard, *L'Empathie*, Paris, Éditions Odile Jacob, 2007.

BOHR, Niels, *Physique atomique et connaissance humaine*, Paris, Gallimard Folio, 1991.

BOUVERESSE, Jacques, *Le Mythe de l'intériorité*, Paris, Éditions de Minuit, 1976.

—, *Langage, perception et réalité T1*, Nîmes, Éditions Jacqueline Chambon, 1995.

—, LAUGIER, Sandra, ROSAT, Jean-Jacques (dir), *Wittgenstein, dernières pensées*, Marseille, Agone, 2002.

—, ROSAT, Jean-Jacques (dir), *Philosophies de la perception*, Paris, Éditions Odile Jacob, 2003

BRESSON, Robert, *Notes sur le cinématographe*, Paris, Gallimard, 1975.

CASSIN, Barbara (dir), *Vocabulaire européen des philosophies*, Paris, Éditions du Seuil, 2004.
CAVELL, Stanley, *Les voix de la raison*, Paris, Éditions du Seuil, 1996.
—, *La Projection du monde*, Paris, Belin, 1999.
—, *Dire et vouloir dire*, Paris, Éditions du Cerf, 2009.
—, *La Protestation des larmes : le mélodrame de la femme inconnue*, Paris, Capricci, 2012.
CHAUVIRÉ, Christiane, Préface à *Leçons sur l'esthétique*, de Ludwig Wittgenstein, Paris, Gallimard Folio, 1992.
—, *L'Immanence de l'ego*, Paris, PUF, 2009.
CHAUVIRÉ, Christiane, LAUGIER, Sandra, ROSAT, Jean-Jacques (dir), *Wittgenstein : les mots de l'esprit*, Paris, Vrin, 2001.
—, *Wittgenstein en héritage*, Paris, Kimé 2010.
CHAVEL, Solange, *Se mettre à la place d'autrui : l'imagination morale*, Rennes, Presses Universitaires de Rennes, 2011.
CHION, Michel, *L'Audiovision*, Paris, Armand Colin, 2005.
DECOBERT, Lydie, *L'Escalier dans le cinéma d'Alfred Hitchcock : une dynamique de l'effroi*, Paris, L'Harmattan, 2008.
—, *L'Arc d'Alfred Hitchcock : poétique de l'objet*, Paris, L'Harmattan, 2012.
DELEUZE, Gilles, *L'Image-temps*, Paris, Éditions de Minuit, 1985
DESCOMBES, Vincent, *Proust : philosophie du roman*, Paris, Éditions de Minuit, 1987.
—, *La denrée mentale*, Paris, Éditions de Minuit, 1995.
—, *Les institutions du sens*, Paris, Éditions de Minuit, 1996.
—, « Something different », dans Jean-Pierre Cometti (dir.), *Lire Rorty*, Combas, L'Éclat, 1992.
DESPOIX, Philippe, SCHÖTTLER, Peter, *Siegfried Kracauer, penseur de l'histoire*, Paris, Éditions de la Maison des Sciences de l'Homme, 2006.
DEWEY, John, *Logique : théorie de l'enquête*, Paris, PUF, 1993.
—, *L'Art comme expérience*, Pau, Farrago, 2005.
—, *Le Public et ses problèmes*, Paris, Gallimard Folio, 2010.
DIAMOND, Cora, *L'Esprit réaliste*, Paris, PUF, 2004.
DIDI-HUBERMAN, Georges, *Quand les images prennent position*, Paris, Éditions de Minuit, 2009.
—, *Remontage du temps subi*, Paris, Éditions de Minuit, 2010.
DOKIC, Jérôme, *Qu'est-ce que la perception ?*, Paris, Vrin, 2009.

DPHI (collectif philosophique), « La vérité en effet », introduction à *La Signification de la vérité* (voir *infra* : James W., 1998).
ECO, Umberto, « TV : la transparence perdue », dans *La Guerre du faux*, Paris, Grasset, 1985.
—, *Lector in fabula*, Paris, Lgf Biblio Essais, 1997a.
—, *Les Limites de l'interprétation*, Paris, Lgf Biblio Essais, 1997b.
ELIAS, Norbert, *Engagement et distanciation*, Paris, Fayard, 1998.
ENGEL, Pascal, *Philosophie et psychologie*, Paris, Gallimard Folio, 1996.
EPSTEIN, Jean, *Écrits sur le cinéma*, T. 1, Paris, Seghers 1974.
—, *Écrits sur le cinéma*, T. 2, Paris, Seghers, 1975
GARDIES, André, *Le Récit filmique*, Paris, Hachette, 1993.
GAUDREAULT, André, JOST, François, *Le Récit cinématographique*, Paris, Nathan, 2000.
GLOCK, Hans-Johann, *Dictionnaire Wittgenstein*, Paris, Gallimard, 2003.
GOFFMAN, Erving, *La Mise en scène de la vie quotidienne 1 : la présentation de soi*, Paris, Éditions de Minuit, 1973.
—, *Façons de parler*, Paris, Éditions de Minuit, 1981.
GOODMAN, Nelson, *Langages de l'art*, Nîmes, Éditions Jacqueline Chambon, 1990.
—, *Manières de faire des mondes*, Nîmes, Jacqueline Chambon, 1992.
HABERMAS, Jürgen, *L'Espace public*, Paris, Payot, 1988.
HITCHCOCK, Alfred, *Hitchcock par Hitchcock*, Paris, Flammarion, 2012.
Hitchcock/Truffaut, Paris, Gallimard, 1993
HOFSTADTER, Douglas, SANDER, Emmanuel, *L'Analogie, cœur de la pensée*, Paris, Odile Jacob, 2013.
ISHAGHPOUR, Youssef, *Orson Welles, cinéaste*, T. 1, Paris, La Différence, 2001.
JAMES, Henry, *Le Tour d'écrou*, Paris, Garnier-Flammarion, 2006.
—, *La Source sacrée*, Paris, Gallimard Folio, 2005.
JAMES, William, *La Signification de la vérité*, Lausanne, Éditions Antipodes, 1998.
—, *Essais d'empirisme radical*, Marseille, Agone, 2005.
KRACAUER, Siegfried, *L'Histoire : des avant-dernières choses*, Paris, Stock, 2006.
LAFFAY, Albert, *Logique du cinéma*, Paris, Masson, 1964.

LAPLANTINE, François, *Je, nous, les autres*, Paris, Le Pommier, 1999.
LAPOUJADE, David, *William James : Empirisme et pragmatisme*, Paris, Les Empêcheurs de penser en rond, 2007.
—, *Fictions du pragmatisme : William et Henry James*, Paris, Éditions de Minuit, 2008.
LAUGIER, Sandra, *Wittgenstein : les sens de l'usage*, Paris, Vrin, 2009.
—, *Le Mythe de l'inexpressivité*, Paris, Vrin, 2010.
LOURIA, Aleksandr, *L'homme dont le monde volait en éclats*, Paris, Éditions du Seuil, 1998.
MCGILLIGAN, Patrick, *Alfred Hitchcock : une vie d'ombres et de lumières*, Arles, Actes Sud, 2011.
MANNONI, Octave, *Clefs pour l'imaginaire*, Paris, Points Seuil, 1985
MARIAS, Javier, *Littérature et fantômes*, Paris, Gallimard, 2001.
MERLEAU-PONTY, Maurice, *Sens et non sens*, Paris, Nagel, 1948.
—, *Le Visibile et l'invisible*, Paris, Gallimard, 1964.
—, *La Prose du monde*, Paris, Gallimard Tel, 1969.
—, *L'Œil et l'esprit*, Paris, Gallimard Folio, 1990.
MITRY, Jean, *Esthétique et psychologie du cinéma* (réédition en 1 volume), Paris, Éditions Universitaires, 1990.
—, *La Sémiologie en question*, Paris, Éditions du Cerf, 1987.
MURCH, Walter, *En un clin d'œil*, Paris, Capricci, 2011.
NINEY, François, *L'Épreuve du réel à l'écran*, Paris/Bruxelles, De Boek, 2002.
—, *Le Documentaire et ses faux-semblants*, Paris, Klincksieck, 2009.
PASTORINI, Chiara, *Ludwig Wittgenstein, une introduction*, Paris, Pocket, 2011.
PEIRCE, Charles Sanders, *The Collected Papers of C. S. Peirce*, Cambridge, Mass. Harvard University Press, 1958.
PROST, Antoine, *Douze leçons sur l'histoire*, Paris, Points Seuil, 1997.
PUTNAM, Hilary, *Fait/valeur : la fin d'un dogme*, Paris, L'Éclat, 2004.
ROSAT, Jean-Jacques, « Le motif dans le tapis », dans *Wittgenstein : dernières pensées* (cf. *supra* : Bouveresse, 2002)
SACHS, Oliver, *L'Œil de l'esprit*, Paris, Éditions du Seuil, 2011.
SCHULTE, Joachim, *Experience and Expression*, Oxford University Press, 1993.
—, « Être aveugle à l'aspect », dans *Wittgenstein : les mots de l'esprit* (cf. *supra*, Chauviré & co, 2001)
SPOTO, Donald, *L'Art d'Alfred Hitchcock*, Paris, Edilig, 1986.

SEN, Amartya, *L'Idée de justice*, Paris, Flammarion, 2010.
TAYLOR, Charles, *La Liberté des modernes*, Paris, PUF, 1999.
TIERCELIN, Claudine, *Peirce et le pragmatisme*, Paris, PUF, 1993a.
—, *Peirce, la pensée-signe*, Nîmes, Jacqueline Chambon, 1993b.
UEXKÜLL, Jakob von, *Milieu animal, milieu humain*, Paris, Rivages, 2010.
VEYNE, Paul, *Comment on écrit l'histoire*, Paris, Points Seuil, 1997.
WITTGENSTEIN, Ludwig, *Remarques sur les couleurs*, Mauvezin, TER, 1983.
—, *Remarques philosophiques*, Paris, Gallimard, 1984
—, *Remarques sur la philosophie de la psychologie*, T. I, Mauvezin, TER, 1989.
—, *Remarques sur la philosophie de la psychologie*, T. II, Mauvezin, TER, 1994.
—, *Leçons sur l'esthétique*, Paris, Gallimard Folio, 1992.
—, *Carnets*, Paris, Gallimard, 1997.
—, *L'Intérieur et l'extérieur*, Mauvezin, TER, 2000.
—, *Recherches philosophiques* (trad. fr. Élisabeth Rigal), Paris, Gallimard, 2004.
—, *De la certitude* (trad fr. Danièle Moyal-Sharrock), Paris, Gallimard, 2006.

Index des films cités

Suivant leur titre en français,
les numéros renvoient aux questions.

Ce volume,
le soixante-quatrième de la collection
« 50 questions »,
publié aux éditions Klincksieck
a été achevé d'imprimer en février 2014
sur les presses de la Manufacture Imprimeur,
52205 Langres Cedex

N° d'éditeur : 00175
N° d'imprimeur : 140057
Dépôt légal : février 2014